CAÍ NA ESTRADA COM OS
NOVOS BAIANOS

MARÍLIA AGUIAR

CAÍ NA ESTRADA COM OS
NOVOS
BAIANOS

Prefácio
Zélia Duncan

Posfácio
Paulinho Boca

AGIR

Copyright © 2020 by Marília Aguiar

Direitos de edição da obra em língua portuguesa no Brasil adquiridos pela Agir, selo da EDITORA NOVA FRONTEIRA PARTICIPAÇÕES S.A. Todos os direitos reservados. Nenhuma parte desta obra pode ser apropriada e estocada em sistema de banco de dados ou processo similar, em qualquer forma ou meio, seja eletrônico, de fotocópia, gravação etc., sem a permissão do detentor do copirraite.

EDITORA NOVA FRONTEIRA PARTICIPAÇÕES S.A.
Rua Candelária, 60 — 7º andar — Centro — 20091-020
Rio de Janeiro — RJ — Brasil
Tel.: (21) 3882-8200

Imagem de capa: arte sobre foto do grupo Novos Baianos

Abertura do capítulo "Entre o passo e a consequência": Marília Aguiar
(Foto: Acervo pessoal)

Abertura do capítulo "Na velocidade da fuga":
(Fotos: Mohamed Sarim e Gya Den da agência Pexels)

Abertura do capítulo "Mesmo que não dê em nada": contracapa do
LP Acabou chorare.

Todos os esforços foram feitos para identificar corretamente a origem das imagens deste livro. Nem sempre foi possível. Teremos prazer em creditar as fontes, caso se manifestem, nas próximas edições.

Dados Internacionais de Catalogação na Publicação (CIP)
(Câmara Brasileira do Livro, SP, Brasil)

Aguiar, Marília
   Caí na estrada com os Novos Baianos / Marília Aguiar. [prefácio Zélia Duncan; posfácio Paulinho Boca] -- 1. ed. Rio de Janeiro : Agir, 2020.
   240 p.

   ISBN 9786558370239

   1. Bandas (Música) 2. Música brasileira 3. Música
popular - Brasil 4. Música popular brasileira -
História 5. Novos Baianos (Grupo musical) I. Título.

20-41519   CDD-781.630981

Índices para catálogo sistemático:
1. Música popular brasileira : História 781.630981
Maria Alice Ferreira - Bibliotecária - CRB-8/7964

Dedicado a

Maria, Gil, Beto, Ciça, Davi, Pedro Baby,
André, Ari, Sarah Sheeva, Zabelê, Nanashara,
Krishna Baby, Kriptus, Filipe, Isabela, Cecéu,
Lahiri, Kashi, Tom, Luam, Rafael, Márcia,
Maísa, Rannah, Matheus, Omar Gil,
Noé, Francisco, Alice, Vitor e Dom

Agradecimentos infinitos a

Betão Aguiar
Caio Mariano
Cao Hamburger
Janaina Senna
e
Zélia Duncan, sem você este livro nem existiria.

SUMÁRIO

PREFÁCIO --- 13
APRESENTAÇÃO ------------------------------------- 17

ENTRE O PASSO E A CONSEQUÊNCIA ------------------- 20
O Encontro

PRECISAMOS SAIR PRA OUTRA ------------------------ 30
Hotel Danúbio/ Chora Menino/ A Fuga

NA VELOCIDADE DA FUGA ---------------------------- 38
Na Cadeia/ Arembepe/ A Volta

EU NÃO QUERO MAIS -------------------------------- 46
Em Ituaçu

MÃE É MAR -- 52
As Casas/ Buchinha

EM QUALQUER PEDAÇO ------------------------------- 78
O apartamento em Botafogo

AMOR DA CABEÇA AOS PÉS --------------------------- 86
João Gilberto e Dona Silvia

VOU MOSTRANDO COMO SOU --------------------------- 92
Arranjando $$$

BOM DEMAIS PRA SER AQUI -------------------------- 98
Cantinho do Vovô

FICOU TUDO LINDO _____ 106
Gil/ O Juiz/ no Maracanã

MEU BEIJO PRA VOCÊ É MAIS PUXADO _____ 146
Drogas e Loucos

ARGUMENTOS DE QUERER _____ 154
Leboyer e Zabelê

NAS PESSOAS QUE EU MAIS GOSTO NINGUÉM MANDA _____ 160
A Mãe

PRA ONDE PENDE O MEU CORPO _____ 166
Sem Moreira

ESSE ONZE AÍ _____ 184
Futebol em Itabuna

JÁ SOMOS PESSOAS SEM ÓDIO _____ 190
Bloco e Trio Elétrico

AÍ JÁ É ALUNTE! _____ 196
Empresários

MESMO QUE NÃO DÊ EM NADA _____ 204
O Fim

APÊNDICE _____ 231
POSFÁCIO _____ 239

PAULINHO BOCA DE CANTOR, BABY CONSUELO, MORAES MOREIRA E LUIZ GALVÃO NO CHORA MENINO EM 1970 (Foto: Abraham Lincoln / Abril Comunicações S.A.)

PREFÁCIO

VOLTA BOA QUE O MUNDO DÁ!

Quando Marília Aguiar me mandou alguns trechos deste livro, eu não acreditei no que estava vendo e vivendo, a partir de seus relatos. "Marília, isso é um documento!", foi meu primeiro comentário eufórico. E continuo afirmando isso, mas é ainda mais, muito mais. Este livro permite olhar pelo buraco da fechadura um pedaço da história dessas pessoas e artistas, que também vieram a fazer tanto pela música brasileira. É um jeito de mergulhar no espírito hippie, com tudo o que isso pode significar. É um laboratório alucinado de liberdade, onde o cotidiano urbano exige comportamentos e códigos de conduta, muitas vezes rígidos demais, para quem segue seus instintos. É dormir no chão, perder o pudor de existir em qualquer lugar. É fazer um exercício de rever a ditadura feroz, mordendo os calcanhares do Brasil, com esses jovens livres, muitas vezes inconsequentes, se permitindo viver coisas impensáveis — algumas delas tão absurdas que davam certo, encontravam cúmplices e muitas risadas. Mesmo sacrificados pelos tais anos de chumbo, quando perderam amigos e viram os caminhos se fecharem para a cultura e o pensamento, ainda havia um resquício de aceitação nas relações, nas esquinas por onde eles andaram e viveram. Tudo isso fazendo música e, sem saber (será que não?), refazendo rumos, no percurso da MPB. O que podia parecer só loucura e inconsequência trazia, nos cabelos compridos, nos instrumentos arranhados pelo pó da estrada e no jeito alternativo de existir, uma revolução chamada Novos Baianos. E, dentro desse nome e desse grupo,

PREFÁCIO

trabalhos individuais que alimentarão pra sempre quem gosta de música brasileira pra valer.

Marília escreve de maneira simples e deliciosa. E ainda guarda o trunfo de ter estado presente e ser literalmente um deles. Sua memória dos fatos tem o frescor de quem atuou, vibrou e contribuiu para aqueles dias. Era muito jovem e se viu irremediavelmente envolvida por aquelas pessoas sedutoras, fascinantes, e foi, se jogou na viagem. Marília nos pega pela mão, nos faz sentir cheiros e ouvir sons, apenas descrevendo as peripécias que se deixou viver com aquela trupe que mudou sua vida. Com uma naturalidade rara, fala que ouviu nascer "Besta É Tu", que soava das caixas de som instaladas em árvores, no sítio de Jacarepaguá. Como não se apaixonar por essas histórias? Como não querer provar das comidas que em geral ela fazia, ou dos bolos deliciosos de um certo boleiro chamado Pepeu? Queremos saber qual deles era "Tonho" e mais detalhes das visitas noturnas e históricas de João Gilberto. Das idas de Marília e Baby à praia, grávidas, para tomar sol de bruços! Das excursões ao Maracanã na Kombi alugada, do amor supremo pelo futebol. Eles levavam "duras" feias da polícia, muitas vezes apenas pela aparência hippie ou por um possível baseado e, eventualmente, eram até detidos. Aliás, como não achar graça de um fornecedor que chega de ambulância trazendo a mercadoria?

As histórias que Marília nos traz contam de um tempo despojado que viveram, da coragem de querer o instante, de não valorizar bens materiais e aprender a dividir. Ninguém está falando em paraíso, mas a tentativa real de se abrir para experiências novas e um tanto de "deixa a vida me levar" tiveram para ela muito valor. Entre uma coisa e outra, música sem parar!

PREFÁCIO

E agora só nos resta embarcar nessas histórias, contadas generosamente tanto para os que já amam a música produzida por eles, como eu, quanto para os que porventura não conheçam essa trilha musical a fundo. Mas já aviso: estamos todos correndo o risco não só de viajar nas palavras de Marília como de, por causa delas, sair correndo atrás dos sons que nasceram ali, como se fosse a primeira vez.

Zélia Duncan

APRESENTAÇÃO

Este livro narra histórias dos Novos Baianos que revelam um pouco da loucura maravilhosa dos anos em que moramos juntos.
Não contém análises profundas, julgamentos ou queixas.
Quero apenas contar passagens da nossa vida em comum, com uma visão bastante pessoal, só isso.
E é, principalmente, uma homenagem a quem acrescentou mais emoção, alegria, discernimento e intensidade à minha vida.
Baby do Brasil, Moraes Moreira, Paulinho Boca de Cantor, Luiz Galvão, Pepeu Gomes, Jorginho, Gato Félix, Baxinho, Charles Negrita, Dadi, Didi, Bola, Marília e Salomão.
Agradeço todo amor e poesia.
Valeu cada dia junto com vocês!

"tudo isso à beira de Mar, ao som dos passinhos tranquis de Mar, ao carinho de Mar Marilhinha."
Joãozinho Trepidação

CADA UM DE NÓS E TODOS OS NOSSOS NOMES

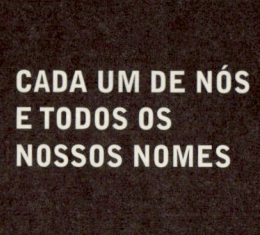
Baby - Baby Consuelo - Baby do Brasil - Bernadete Dinorah de Carvalho Cidade

Moraes - Moreira - Tonho - Moraes Moreira - Antonio Carlos Moraes Pires

Paulinho Boca de Cantor - Boca - La Bouche - Paulo Roberto Figueredo de Oliveira

Pepeu - Peu - Pepeu Gomes - Pedro Aníbal de Oliveira Gomes

Galvão - Galvos - Joãozinho Trepidação - Luiz Dias Galvão

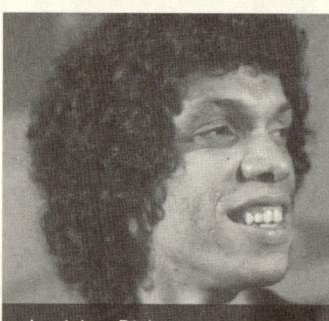
Jorginho - Binho - Jorginho Gomes - Jorge Eduardo de Oliveira Gomes

Dadi - Eduardo Magalhães de Carvalho

Didi - Dida - Didi Gomes - Claudimar de Oliveira Gomes

Bola - Bolacha - Bola Morais - Luis Carlos Morais

Charles - Negrita - Carlos Alberto Oliveira

Baxinho - Baxote - Baxo - José Roberto Martins Macedo

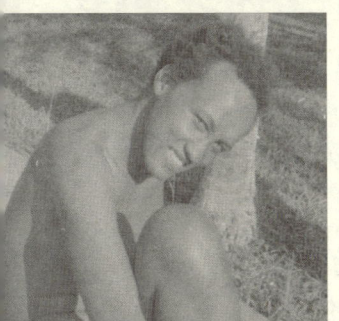
Gato - Gato Félix - Eufrasio Felix do Nascimento

Marilinha - Mar - Marília de Aguiar

Salomão - Saló - Paulo César Salomão

Marilhona - Marília Mattos Cunha

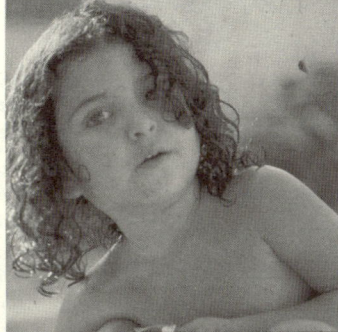
Buchinha - Maria

Ciça - Maria Cecília

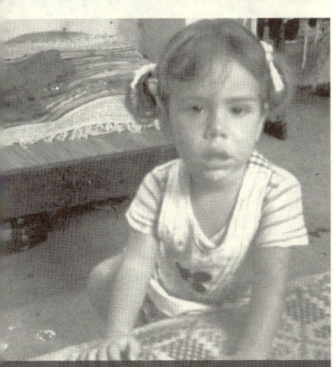
Riroca - Sarah Sheeva

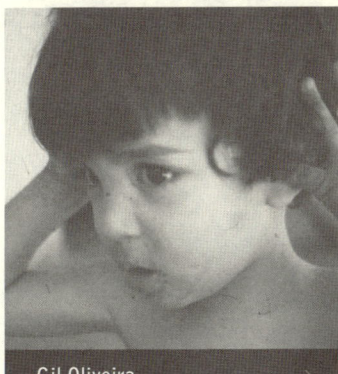
Gil Oliveira

Davi Moraes

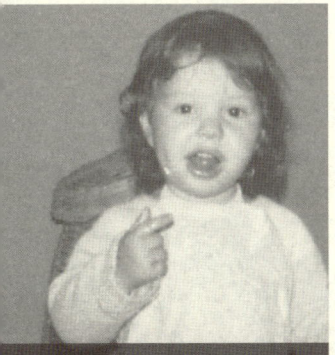
Zabelê

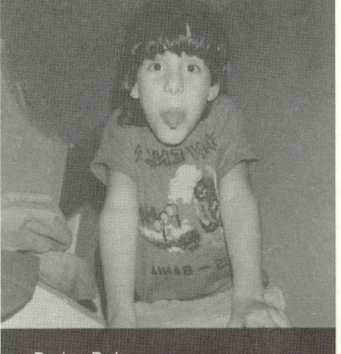
Pedro Baby

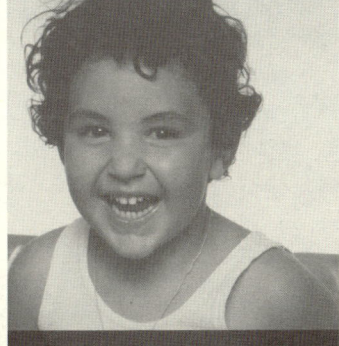
Roberto - Betão Aguiar

ENTRE O PASSO E A

CONSEQUÊNCIA

POR TODOS OS LADRILHOS PISADOS, PASSADOS
PASSANDO DE RISCO A TRAÇO
PRA SER CAMINHO

Eu de Adjetivos (Moraes e Galvão)

15 de dezembro de 1969.
Acho que vou me lembrar dessa data para sempre. Duas coisas muito importantes aconteceram no mesmo dia: a inauguração da tão sonhada galeria de arte do meu namorado, Fábio Pace, um artista plástico promissor, pessoa muito interessante e divertida, e a festa de lançamento do filme *A Mulher de Todos,* do cineasta Rogério Sganzerla, em uma boate na Alameda Santos (São Paulo).

Eu cursava o primeiro ano de jornalismo na Escola de Comunicações e Artes da USP e estagiava no estúdio/escritório do Massao Ohno, conhecido editor de livros e produtor de artes em geral. Como estaria ausente de São Paulo na ocasião, ele me pediu que fosse representá-lo na festa e levasse flores para a atriz, Helena Ignez.

No começo da noite fui encontrar o Fábio.

A galeria, na Alameda Gabriel Monteiro da Silva, estava lotada de amigos, e foi penoso para mim deixar todos ali e sair sozinha no meio da festa, comprar as flores e atender ao pedido do Massao Ohno.

Ao entrar na boate, achei o som maravilhoso, encontrei alguns amigos da faculdade, e fomos para a pista. Não podia imaginar que aquela noite iria mudar minha vida radicalmente.

Foi ali que conheci Paulinho Boca de Cantor, Moraes Moreira, Luiz Galvão, Joildo Góes (o Tuareg), Edinho Lima (o Grandy), Ivan Mariotti e Lula Martins. A Baby Consuelo, que não estava na festa, eu havia encontrado alguns dias antes, na casa do artista plástico Antonio Peticov.

Eu tinha uma vaga noção de quem poderiam ser aquelas pessoas. Ouvira comentários sobre um grupo de artistas baianos circulando por São Paulo que havia se apresentado no último Festival de Música da TV Record em novembro. Eram pessoas diferentes e interessantes, vestiam roupas estranhas sobrepostas por peles, usavam cabelos compridos e desgrenhados, falavam muito e riam ainda mais.

Gostei de estar com eles. E de beijar o Paulinho Boca também! Meus amigos, que a tudo assistiam, ficaram preocupados. Me alertaram sobre a inconveniência dessa aproximação e tentaram me afastar dos baianos, mas não dei importância aos seus comentários.

A festa estava bem divertida com eles, e eu tinha certeza absoluta de que nunca mais veria aqueles caras esquisitos, muito malucos. Seria só aquela noite, nada mais!

Não foi assim.

Deixei com eles o número do telefone da minha casa, Paulinho Boca ligou, e eu quis conhecer mais aquelas pessoas. Logo em seguida, na mesma semana, saímos algumas vezes, sempre juntos.

Eles estavam morando no hotel Paramount, na Boca do Lixo, lugar onde havia vários escritórios de produtores de cinema, inclusive aquele em que eu estagiava.

Lula Martins, além de artista plástico, tinha atuado em *Caveira My Friend,* de Álvaro Guimarães, e estava em São Paulo acompanhando a edição e a sonorização do filme. Ivan Mariotti era cenógrafo e artista plástico. Grandy se interessava por fotografia. Joildo queria ser cineasta, criando freneticamente roteiros delirantes e inacabados. Ele tinha vindo da Bahia num fusquinha verde, e foi nesse carrinho que descemos algumas vezes de madrugada a estrada de Santos, só para ver o sol nascer na praia.

Moraes Moreira, Paulinho Boca, Luiz Galvão e Baby Consuelo compunham, tocavam e cantavam a maior parte do tempo. Eram músicas que eu nunca tinha ouvido antes, mas que estavam se entranhando na minha cabeça cada vez mais. A maioria delas foi gravada pelos Novos Baianos, mas algumas não tiveram registro, embora fizessem muito sucesso entre nós: "Colégio de Aplicação", "Psiu", "29 Beijos", "Juventude Sexta e Sábado", "Keith", "Fala Roberto", "Chinelo do Meu Avô".

Eles viviam sem regras, sem limites, tudo era pleno e visceral. Essa convivência foi me transformando e diminuindo

entre o passo e a consequência

o espaço para outros interesses ou pessoas na minha vida. A faculdade, o namorado, o estágio, meus amigos, tudo ficou em segundo plano. Até porque todas essas pessoas com quem eu convivia, incluindo os amigos mais próximos, não ligavam a mínima para aqueles baianos. Estavam engajados em movimentos estudantis ou seguindo outros caminhos.

Na época eu morava em um sobrado bem grande com minha mãe e duas irmãs, Márcia e Maísa, na rua Guararapes, 920, no Alto da Lapa.

Durante as férias, era habitual irmos visitar a família materna em Araraquara, interior de São Paulo, mas dessa vez eu não queria ir. Inventei uma pesquisa que teria que realizar para um trabalho novo do Massao Ohno e com isso convenci minha mãe a me deixar sozinha em São Paulo. Ela era bastante tolerante e não se surpreendia com minhas escolhas havia tempos, desde quando eu participara da chamada *Operação Ubatuba*,* alguns anos antes, usando documentos falsos por ser menor de idade. Minha mãe viajou com as meninas, e eu fiquei com aquele casarão só para mim.

Com toda a família fora, comecei a levar os baianos para casa. Eles deram um quebra, como diziam. Reviraram os armários e usaram tudo que encontraram. Meu tio Renato, mesmo não morando mais na casa, havia deixado um quarto repleto de roupas, que fizeram a festa dos baianos. Baby se encantou com o antigo vestido de noiva da minha mãe, relíquia bem guardada até então. Vestiu e saiu passeando com ele pelos jardins das ruas em frente da casa.

Compramos bastante comida, bebidas e outras coisas mais numa venda lá perto, na rua Laurindo de Brito, e mandamos anotar tudo na conta da minha mãe. Naquele tempo era comum fazer compras assim, deixando para pagar só no final do mês. Cada família tinha sua própria caderneta, onde os gastos eram anotados para serem cobrados depois.

A conta foi ficando alta demais, bem maior do que costumava ser. Mas eu ainda não estava preocupada com isso. Só queria aproveitar os divertidos momentos com aqueles malucos.

Marília Aguiar

Os móveis da sala de jantar eram clássicos e tinham sido escolhidos pelo meu avô paterno, Mário Aguiar, o austero juiz de Direito da 13.ª Vara Criminal de São Paulo. No centro havia uma mesa de oito lugares, com cadeiras de espaldar alto e assentos de couro verde-escuro. Em um dos cantos entre os dois janelões ficava o barzinho, todo forrado de espelhos por dentro. No outro, um antigo e enorme relógio carrilhão pedestal que ia do piso até quase o teto.

Ocupando toda a parede paralela aos janelões havia um grande bufê de quatro portas.

Aos poucos fomos enfeitando as beiradas dos móveis usando as sementes da maconha consumida, fazendo desenhos que imitavam tachinhas. Só escapou o relojão!

Não sei se alguém avisou minha família. Talvez um vizinho, incomodado com a movimentação estranha e com o barulho. Ou até mesmo o dono da venda, apreensivo com o consumo desenfreado. O fato é que um dia, por volta de seis da manhã, fui acordada bruscamente pelo meu pai, acompanhado por um amigo dele que era escrivão da polícia de São Luiz do Paraitinga, São Paulo. Meus pais eram divorciados havia anos, mas ele continuava tendo as chaves da casa. Ficou furioso quando viu a nova decoração dos móveis!

Por sorte ele me encontrou sozinha na minha cama. É que na noite anterior eu e Paulinho Boca tínhamos brigado, e por isso ele estava dormindo em outro quarto, assim como os demais. O susto foi enorme, o tom da voz do Robertão não deixava dúvidas de sua fúria ao ver aquela cena. Ele falou rispidamente que ia até a padaria e que eu tinha apenas meia hora para botar todos aqueles loucos na rua. Na volta, se encontrasse algum daqueles maconheiros na casa, chamaria a polícia.

Não deu tempo de pensar em mais nada. Acordei rapidamente todo mundo, e fomos embora. Alguns dias depois, passei por lá só para pegar umas roupas e parti com os novos amigos para o meu primeiro Carnaval na Bahia.

entre o passo e a consequência

Chegamos à rodoviária de Salvador no dia 7 de fevereiro de 1970, em pleno sábado de Carnaval, e fomos direto para a casa dos pais do Paulinho Boca, no Corredor da Vitória. Eles nos receberam com surpresa, e só então percebi que não tinham sido avisados da chegada daquele bando.

Antonieta (mãe dele) arranjou acomodação para todos, nos espalhando pelos três quartos do apartamento onde moravam os pais, irmãos, a avó e três sobrinhas do Paulinho Boca. Já eram muitas pessoas ali, mas mostravam alegria em dividir o espaço com a gente.

Me surpreendi bastante com o comportamento deles, pois na minha família paulistana essa visita inesperada causaria reação bem diferente. Aos poucos fui me encantando com o jeito dos baianos de hospedar e alimentar parentes, amigos e até amigos dos amigos, mesmo que por um longo período.

Gato Félix (Eufrásio Félix) morava perto, numa pensão adaptada no porão de um casarão antigo. Ele adorava a comida da Antonieta e aparecia sempre por lá. Era alegre, gentil e amigo de todo mundo. Tempos depois se tornou dançarino nos shows dos Novos Baianos.

Todo dia de tarde a gente ia para o Carnaval, que se estendia por toda a cidade, e só voltávamos ao amanhecer. Antonieta nos esperava com mingau de tapioca e pãozinho delícia, ansiosa por novidades. Maravilhosa, ela!

Quando pensava na minha mãe e nas minhas irmãs, na faculdade, nos amigos, em São Paulo, sentia saudade de tudo. Mas estava irremediavelmente envolvida num turbilhão de emoções novas e me deixei levar. Me sentia feliz e só me interessava pelo presente.

Perdi o prazo para renovar a matrícula na USP, abandonei a faculdade e passei todos os outros Carnavais na Bahia.

Marília Aguiar

* Operação Ubatuba *foi um movimento realizado por estudantes em janeiro e fevereiro de 1965 em Ubatuba, São Paulo. O intuito era alfabetizar os pescadores e seus agregados em quarenta dias, por meio do Método Paulo Freire de Alfabetização de Adultos, que objetivava não apenas ensinar, mas também conscientizar analfabetos de sua dignidade e responsabilidade social.*

Os candidatos fizeram um curso preparatório na ACM (Associação Cristã de Moços) da rua Nestor Pestana, São Paulo, organizado pelo jornal Folha de S.Paulo.

Não era permitido falar em Método Paulo Freire, pois estávamos em plena ditadura. O movimento foi divulgado simplesmente como um ato cívico para alfabetizar caiçaras da região, aproveitando a disponibilidade dos estudantes em férias.

Para evitar qualquer suspeita, os organizadores pediram a colaboração do Exército na logística e nos alojamentos; além disso, receberam doações de projetores de plástico, dos Estados Unidos, para realização das aulas.

Para se inscrever no curso preparatório para monitores era requisito básico ser maior de idade. Eu não era! Tive que implorar para a minha melhor amiga da época, Olga Maria, pegar "emprestados" os documentos da irmã mais velha sem que ninguém percebesse e consegui me inscrever com o nome da Márcia Pires de Camargo e fazer o curso.

Fiquei entre os aprovados. Só poucos dias antes da viagem para Ubatuba revelei a verdade aos coordenadores, que, felizmente, autorizaram minha ida.

Passei dois meses no acampamento de Perequê-Açu e dei aulas no bairro do Mato Dentro.

Quando voltei a São Paulo, meus valores eram outros.

Não me enquadrava mais na vida cheia de comodidades que tivera até então. Doei cama e roupas, e passei a dormir numa esteira, num estilo muito parecido ao que tinha vivido em Ubatuba.

Embora me sentisse realizada por ver tantos adultos alfabetizados, era frustrante demais que o projeto não tivesse continuidade.

Despertamos nos caiçaras desejos de liberdade, e autonomia e fomos embora sem dar o suporte necessário às mudanças.

Meses depois recebi uma carta de um deles contando que estava muito feliz porque agora sabia escrever e que tinha batizado sua filha recém-nascida com meu nome: Malila (quase acertou!).

O SOL HOJE TÁ LINDO EU VI E FUI OLHAR QUASE FICO CEGO
PRECISAMOS SAIR PRA OUTRA EM SILÊNCIO...
OUÇO O SILENCIOSO SOM DO UNIVERSO

Miragem (Moraes e Galvão)

PRECISAMOS SAIR PRA OUTRA

Palmas insistentes e alguns gritos. Quem estaria batendo a essa hora da madrugada, chamando pelo Tonho? O apelido do Moraes Moreira só era conhecido lá na Bahia, por sua família e alguns amigos. Essa lembrança nos trouxe alívio imediato, só podia ser alguém conhecido. Não era a polícia dessa vez.

A casa em que estávamos morando era enorme, com entrada por duas ruas. Ia de um quarteirão a outro, cercada por árvores altas, a maioria cipreste-italiano. A entrada principal ficava na avenida Imirim, bem em frente ao cemitério que levava o nome do bairro, Chora Menino. Era preciso descer as estreitas alamedas do jardim para chegar à porta de entrada, grande, oval, coroada com uma cabeça da Medusa esculpida e pintada de roxo, bem no centro.

Em razão dessa topografia, as duas salas, a cozinha, o banheiro e os três amplos quartos ficavam exatamente na altura das covas do cemitério da frente, o que tornava tudo assustador e misterioso.

E havia O PORÃO! Era grande, tinha o pé-direito alto, com dois ambientes e um banheiro. A entrada ficava no jardim dos fundos da casa. Dava a impressão de ser um cativeiro, uma prisão.

Antes da nossa mudança para o Imirim, moramos durante um tempo no Hotel Danúbio, na avenida Brigadeiro Luís Antônio, em dois quartos pagos pelo empresário Marcos Lázaro. A princípio tais aposentos serviriam para acomodar apenas os contratados dele: Moraes Moreira, Galvão e Paulinho Boca de Cantor no primeiro, e Baby Consuelo no segundo. Mas a realidade era bem outra. Pepeu, Grandy, Joildo Tuareg, Lula Martins, Jorginho Gomes, eu e alguns outros também dormíamos por ali, nos ajeitando pelo chão forrado apenas com cobertores. Ficávamos por lá dias seguidos, sob os olhares cúmplices de garçons, arrumadeiras e porteiros, que fingiam nada perceber. No apartamento da Baby também se hospedava escondido o namorado dela na época, o ator Ricardo Petraglia.

Quando Marcos Lázaro, insatisfeito com o excesso de extravagâncias, rompeu o contrato de trabalho com o grupo, ficamos sem lugar para morar. Procurando nos classificados do jornal *Folha de S.Paulo*, um anúncio chamou minha atenção — CHORA MENINO:

Marília Aguiar

CASA GRANDE PARA ALUGAR. Na época, eu nem sabia que existia um bairro com esse nome.

Não tínhamos dinheiro para ir de táxi visitar a casa. Muito menos para pagar o aluguel, mas precisávamos sair do hotel. Liguei para o número anunciado, inventei que não conhecíamos São Paulo e que, apesar do nosso interesse, não saberíamos chegar lá.

Roberto, o proprietário, acreditou e veio nos buscar. Eu, Moraes Moreira, Galvão e Paulinho Boca de Cantor entramos no carro e fomos conhecer o imóvel. A Baby tinha voltado para a casa da família em Niterói, no Rio de Janeiro, e os outros agregados haviam se espalhado por diversos lugares.

Na verdade, o Roberto era filho do proprietário, um escultor que havia morrido havia pouco tempo. Dona Ágata, mãe dele e viúva do artista, aguardava por nós.

Era bastante improvável que eles aceitassem alugar a casa para aquele grupo, sem comprovação de renda, sem emprego fixo, sem apresentar fiador e com um visual nada dentro dos padrões. Mas, surpreendentemente, dona Ágata aceitou, afirmando que o marido ficaria feliz se soubesse que havia artistas morando ali.

Fizemos um contrato dando como garantia um depósito de três meses do aluguel, dinheiro emprestado por Dagmar, irmão do Galvão lá de Juazeiro, na Bahia.

Dona Ágata e Roberto passariam um tempo visitando os parentes na Itália e pediram para deixar algumas roupas e objetos pessoais guardados em um armário antigo até que voltassem. Concordamos com tudo, afinal tínhamos pressa.

Era a melhor coisa que poderia nos acontecer! Conseguimos uma casa, já com fogão, panelas, pratos, talheres e algumas canecas grandes e esquisitíssimas esculpidas com o formato do rosto do falecido dono. Era estranho tomar café no "cérebro" do artista.

O tal armário ficou trancado por pouco tempo. Nossa curiosidade e o frio de São Paulo impediram o cumprimento da promessa. Não demorou muito para pegarmos os pesados casacos de pele e outras roupas.

precisamos sair pra outra

Era comum encontrar Paulinho Boca, Moraes Moreira, Galvão, eu e a Baby Consuelo (quando vinha passar uns dias na casa) andando por ruas próximas, vestindo os casacos da dona Ágata. Isso chamou a atenção dos vizinhos. Afinal, ninguém costumava ir à feira usando caros casacos de pele.
Dona Ágata havia nos contado que o marido costumava trabalhar no porão da casa, onde passava dias seguidos trancado, absorto nas obras, sem sair ou falar com ninguém. Não admitia ser interrompido para nada. Ela respeitava e só descia para deixar as refeições no parapeito de uma janelinha pequena na parte superior da porta. Por isso, não sabia dizer havia quanto tempo o marido estava morto quando achou os pratos de comida intocados e desconfiou de que algo ruim pudesse ter acontecido. Ficamos impressionadíssimos.
Essa história fez com que começássemos a sentir o fantasma do escultor rondando a casa, nos observando, mas isso não nos assustava tanto. Naquele tempo a gente via coisas piores, até vampiros!
Tínhamos algumas roupas e umas poucas coisas, mas nenhuma cama. Dormíamos sobre edredons, no chão mesmo. Eu e Paulinho Boca no quarto da frente, Galvão em um dos quartos de trás e Moreira no outro.
Moraes arranjou uma tábua grande, que colocou em cima de quatro pneus velhos, e essa ficou sendo a sua cama. Dura e sem conforto algum.
Fazia muito frio. O que nos aquecia eram brasas de carvão dentro das assadeiras da dona Ágata espalhadas por toda a casa.
Perto dali ficava o pequeno armazém do sr. Adachi, que aceitava nossas "penduras" sem previsão de pagamento. O carvão também vinha de lá. Ele era paciente demais.
Bola Morais e o Baxinho, que havíamos conhecido um pouco antes e que mais tarde se tornariam músicos dos Novos Baianos, iam nos visitar todas as tardes levando baseados e muitos chocolates, jujubas e sorvetes. O pai do Bola Morais era diretor da Kibon, por isso tantas laricas de graça. Passávamos horas no porão fazendo e

ouvindo som, fumando e nos deliciando com os doces. Além de ser o lugar mais escondido e reservado da casa, tinha ótima acústica.

Algumas músicas desse período são "Globo da Morte", "Dias Pires de Oliveira", "Virar o Carro", "Eu penso e Passo", "O VT, a TV".

Outras pessoas começaram a nos visitar, a ficar por lá, a dormir no porão. Nem todos eram amigos nossos e confiáveis, mas era assim.

Algumas meninas menores de idade também começaram a frequentar a casa, e isso provocou pânico nos pais delas. Como consequência, começamos a receber duras ofensivas da polícia, que fazia batidas a qualquer hora. Era violento e assustador. Eu nunca tinha passado antes por uma situação dessas e fazia o possível para parecer calma, embora estivesse com a maconha escondida nas minhas botas.

Naquela noite, quem estava gritando pelo Tonho eram duas garotas vindas da Bahia. Ana, a namorada que ele havia deixado sem notícias em Salvador, e a irmã dela, conhecida como Gladys Joplin, aspirante a cantora.

Moraes Moreira dormia com outra namorada na cama de tábua e pneus. Permaneceu trancado quieto no quarto, temendo a confusão que se anunciava. Eu e Paulinho Boca colocamos as irmãs para dentro, dissemos que ele tinha viajado, que só chegaria no dia seguinte e que não tínhamos a chave do quarto dele. Para maior segurança, acomodamos as duas no porão.

A paz durou apenas uma noite.

Muriel, a namorada paulista, exigiu que Moreira assumisse o caso. Ana ficou arrasada. E o pior, Gladys Joplin surtou. Gritava muito e ficava nua. Isso durou dias e noites intermináveis. Limitamos o espaço dela ao porão, mantendo-a trancada e nos revezando na vigia do lado de fora, à espera de algum familiar que viria da Bahia para levá-las embora.

Certa manhã acordamos com um silêncio inesperado. Gladys Joplin teria dado uma trégua?

Nem deu tempo para conferir.

precisamos sair pra outra

Seu Adachi, o dono do armazém, mandou nos chamar urgente. Ela estava lá! Tinha conseguido fugir, descalça e vestida apenas com um dos casacos da dona Ágata. Entrou cedinho no armazém cheio de gente naquela hora, comprando pão para o café da manhã, se postou bem no meio do corredor e, num gesto rápido, arrancou o casaco, exibindo o corpo completamente nu. Então, começou a cantar a altos brados. Foi um escândalo!

Finalmente o pai das meninas veio da Bahia e levou as duas de volta. Tempos depois soubemos que Gladys precisou ser internada para tratamento psiquiátrico.

Após aquele acontecimento no armazém, as invasões repentinas da polícia se tornaram ainda mais frequentes, e nossa permanência na casa foi ficando perigosa demais.

Certo dia um policial já conhecido nosso veio avisar que de madrugada haveria uma megainvasão na casa comandada pela ROTA, a divisão mais violenta da polícia de São Paulo.

Não nos restava alternativa. Chamamos o Pepeu Gomes e os músicos que formavam com ele a banda Enigmas (Pedrão Baldanza, Jean e Odair Cabeça de Poeta), pedimos ajuda ao Carlos Pitoco (um amigo nosso que tinha uma Kombi), juntamos os instrumentos, algumas roupas e fugimos para a Bahia no comecinho da noite.

Nunca mais voltamos a essa casa, não soubemos o que aconteceu com o resto das nossas coisas, com tudo o que era da dona Ágata, nem com ela ou com o filho.

A BARRA ESTÁ CLAREANDO NA VELOCIDADE DA FUGA
E NÓS VAMOS CONHECER OUTRO MUNDO, OUTRO
MAMBO NA VELOCIDADE DA FUGA

Outro Mambo, Outro Mundo (Moraes e Galvão)

NA

VELOCIDADE DA FUGA

Marília Aguiar

Quase dois mil quilômetros numa Kombi velha e com o tanque de óleo furado! Descobrimos o problema logo no comecinho da viagem, quando entramos na Via Dutra, saindo da Marginal Tietê. Indício de que nossa viagem de São Paulo até Salvador seria turbulenta.

Nem passou por nossa cabeça desistir. Não havia outra opção. Voltar para onde? Tínhamos abandonado nossa casa, fugindo da invasão da polícia anunciada para aquela noite.

Era um período violento e assustador da ditadura militar no Brasil, e nossos amigos estavam sendo presos, perseguidos, torturados, e alguns até desapareciam. Casas, carros, teatros, qualquer lugar poderia ser invadido pela polícia, que revistava as pessoas quando bem entendesse.

O clima era pesado no final de 1970. A morte de Jimi Hendrix, em setembro, e de Janis Joplin, pouquíssimos dias depois, contribuiu para aumentar ainda mais nossa tensão. Era melhor buscar outros lugares.

Falamos com João Loureiro, um amigo da Bahia, que se comprometeu a negociar alguns shows dos Novos Baianos em clubes de Salvador e do interior.

Chamamos o Pepeu Gomes, que estava morando em Ribeirão Pires, São Paulo, e os músicos que tocavam com ele: Pedrão Baldanza (baixo), Odair Cabeça de Poeta (bateria) e o Jean (guitarra). Alguns deles já tinham acompanhado os Novos Baianos em apresentações, e todos aceitaram na hora participar dos shows na Bahia. Baby Consuelo morava no Rio, mas confirmou que iria ao nosso encontro em Salvador.

Embarcamos todos na Kombi, que ficou bem cheia, apertada e muito quente. Éramos nove pessoas — Carlos Pitoco, o amigo dono da Kombi, Moraes Moreira, Galvão, Paulinho Boca, eu, no comecinho da gravidez, Pepeu, Pedrão, Odair e Jean —, muitos instrumentos e nossas poucas roupas.

Por causa do tanque furado, foi necessário parar muitas vezes em postos na estrada para repor o óleo. Assim, todo o dinheiro

na velocidade da fuga

que tínhamos, juntando o pouco de cada um, acabou depressa. E ainda estávamos atravessando Minas, bem longe da divisa com a Bahia.

A situação, que já estava péssima, piorou ainda mais. Na entrada de Medina, Minas Gerais, a Kombi deu sinais de que não aguentaria continuar. Era tarde da noite, a cidade estava deserta, as luzes eram fracas e não havia ninguém nas ruas para indicar uma oficina. Parecia uma cidade fantasma.

Conseguimos chegar ao Mirante, na parte mais alta, de onde se via toda a cidadezinha, e paramos na frente de um posto de gasolina, que estava fechado àquela hora.

Foi aí que a Kombi morreu de vez.

Estávamos bastante cansados, então estendemos alguns panos pelo chão e dormimos por ali mesmo, na frente do posto.

Um sol forte e o barulho das vozes incrédulas dos funcionários e clientes nos acordaram. Quem seriam, de onde vinham, o que queriam em Medina tantos cabeludos esquisitos?

Contamos sobre os shows na Bahia e pedimos para chamar um mecânico. Era preciso seguir viagem, não tínhamos a menor intenção de ficar por lá, havia trabalho esperando por nós.

Até aquele momento a gente não sabia como ia pagar pelo conserto, mas isso se resolveria depois. Ficamos ali, sentados no chão, esperando o mecânico dizer quanto tempo ia demorar e qual seria o valor.

Enquanto isso, a notícia da nossa presença se espalhou pelas redondezas. De repente fomos surpreendidos pela chegada de uma caminhonete grande e barulhenta, que encostou ao lado da Kombi. Dela saiu um homem novo ainda, o Jaiminho Barros, conhecido por todos da cidade. Ele sabia quem eram os Novos Baianos, adorava música e queria ajudar.

O mecânico calculou que demoraria cinco ou seis dias para nossa Kombi rodar novamente. Uma das peças quebradas não era vendida em Medina, tinha que ser comprada em Vitória da Conquista, a 185 quilômetros dali.

Jaiminho autorizou a compra, se responsabilizou por todos os pagamentos e nos levou para sua fazenda, com nossos instrumentos.

Muito lindo o lugar. Matas sem fim, lagos, cavalos, casa grande, varanda cheia de redes, camas para todos, comida farta e som o tempo todo. Ficamos uma semana nesse lugar maravilhoso.

Quando a Kombi ficou pronta, decidimos seguir viagem.

Jaiminho precisava ir a Jequié resolver algumas coisas e convidou Paulinho Boca, Galvão e eu para irmos no carro com ele. Os outros seguiriam na Kombi. Marcamos de nos encontrar no jardim do Belvedere, por volta do meio-dia, 340 quilômetros na frente.

Lá chegando, nos despedimos do Jaiminho, muito agradecidos por tudo que fizera, inclusive pelo dinheiro "emprestado" para seguirmos até Salvador. A Kombi já deveria estar próxima, e ele precisava voltar para Medina.

Meio-dia, duas horas, dezoito horas... Nada! Ficamos esperando muito tempo na praça. A noite chegou, e nenhum sinal dos outros. Acabamos dormindo nos bancos do jardim, sem notícias, e ali ficamos por mais um longo dia, até a chegada da Kombi, que havia quebrado outra vez na Rio-Bahia. Ninguém tinha telefone. Como avisar?

Finalmente estávamos em Salvador! Fomos para o pequeno hotel Miramar, no Porto da Barra, reservado pelo João Loureiro. E logo recebemos dele a péssima notícia: nenhum show estava confirmado.

E agora, o que fazer?

Só aproveitar a praia, encontrar algum amigo que pagasse um acarajé, visitar algum outro e ficar pro almoço. E também fazer som todas as tardes, sentados na mureta do Porto da Barra ali em frente, vendo o pôr do sol no Farol.

Ficamos felizes com a chegada da Baby uns dias depois e resolvemos esperar alguma coisa boa acontecer. Só que o tempo foi passando, e a conta do hotel crescendo. O dono nos cobrava diariamente, e a situação estava se tornando insustentável. Ele tinha amigos na polícia e podia nos prejudicar.

na velocidade da fuga

Além disso, a quantidade de pessoas que se juntavam a nós na mureta, atraídas pelo som e pelos baseados, só aumentava. Era inevitável que isso acabasse chamando a atenção da polícia, comandada pelo temível delegado Gutemberg Oliveira, integrante do Esquadrão da Morte da Bahia e famoso "hipicida", porque ameaçava qualquer pessoa que ele suspeitasse que fosse hippie.

O primeiro a ser preso foi o Paulinho Boca. Não houve flagrante, não havia nenhuma droga com ele, mas era um *cabeludo esquisito*. Corri para a delegacia, levando seus documentos, falei que estava grávida e que tínhamos vindo à Bahia visitar a família. Deu certo e ele foi liberado, mas ficamos bastante assustados.

Nós dois e o Moreira resolvemos então passar uns dias longe daquilo tudo. Alugamos uma casinha de pescadores em Arembepe, onde ainda nem havia eletricidade. Não tinha camas, só esteiras, mas já estávamos acostumados a dormir no chão.

Os vizinhos eram pessoas simples e amáveis, gostavam da cantoria do Paulinho Boca e do Moraes Moreira, nos davam frutas, e muitas vezes almoçamos e jantamos em suas casas.

Mar limpo, sol, coqueiros, areia branquinha e banho de rio quentinho. Um paraíso! O céu era tão estrelado e próximo que a luz não fazia falta alguma.

Um dia fomos avisados por um amigo de que o delegado Gutemberg havia prendido todos do nosso grupo que estavam em Salvador e mandado raspar a cabeça deles. Só escapou o cabelo da Baby, porque as outras presas da cela gostaram do jeito atrevido dela e pressionaram o carcereiro. Baby cantava com elas e recebeu uma boa proteção.

Paulinho Boca e Moraes Moreira temiam aparecer na prisão e ter o mesmo destino. Falamos com um advogado, dr. Carlito Onofre, e eu fui com ele até a cadeia da Misericórdia.

Soubemos que o dono do hotel Miramar é que tinha denunciado o grupo. Estávamos devendo as diárias, e ele quis se vingar. Quando a prisão foi relaxada, fomos todos para Arembepe e nos apertamos em duas casinhas por alguns dias.

Marília Aguiar

    Vários jornais noticiaram a prisão do grupo, que foi confundida com um fato político. Recebemos muitas mensagens de apoio, mas só tempos depois entendemos o equívoco.
    A falta de perspectiva de shows somada ao medo de enfrentar a perseguição do delegado Gutemberg nos fez ir embora da Bahia.
    A Kombi estava mais apertada com a Baby viajando junto e comigo ainda mais grávida e enjoando muito. Moraes Moreira e Paulinho Boca tentavam se esconder no último banco, apavorados com a possibilidade de perder os longos cabelos numa possível blitz na estrada. Além disso, não havia um lugar certo para morar no Rio de Janeiro ou em São Paulo
    Antes de chegar em Feira de Santana, já tínhamos decidido que a melhor opção seria dividir o grupo. Moraes Moreira, Paulinho Boca e eu ficaríamos esperando ali e viajaríamos depois, quando tudo estivesse mais seguro e os outros tivessem encontrado uma casa pro grupo.
    Paulinho tinha um irmão, Rubens Oliveira, que era gerente de um posto de gasolina na entrada da cidade e dividia uma casa com dois amigos ali perto.
    Já era madrugada quando paramos na porta deles. Só nós três descemos, pusemos nossas sacolas na calçada e a Kombi seguiu viagem.
    Demoramos para conseguir acordar o Rubens, chamando baixinho nas janelas laterais e dos fundos. Não queríamos fazer barulho para não assustar os vizinhos. Finalmente ele acordou, explicamos a situação, e ele aceitou nos receber.
    Quando voltamos para pegar nossas coisas não encontramos mais nada, tudo tinha sido roubado. Ficamos só com as roupas do corpo e sem dinheiro algum.
    Fazer o quê? Dormir.

* **Baby Consuelo** *voltou para o Rio de Janeiro assim que terminou o contrato dos Novos Baianos com o Marcos Lázaro. Ela não morou na casa do Imirim, embora nos visitasse por curtos períodos.*

Naquela época as gravadoras elegiam apenas uma música do disco que estavam lançando para divulgar em todos os programas de rádio e televisão. "Curto de Véu e Grinalda", a única que ela gravou no LP Ferro na Boneca, *não foi escolhida como música de trabalho.*

Baby estava chateada com a pouca visibilidade que tinha naquele momento e resolveu tentar divulgar sua música no Rio de Janeiro, onde era presença constante no Programa do Chacrinha, *grande sucesso na televisão.*

Chacrinha adorava a irreverência da Baby e sempre abria espaço para ela, que se apresentava com um espelho retrovisor de carro amarrado na testa.

EU NÃO QUERO MAIS

EU NÃO QUERO MAIS PREOCUPATION COMIGO
ÁGUAS PASSADAS, CANTO E RECANTO
DE LÁGRIMAS NO MEU CORAÇÃO,
EU NÃO QUERO NÃO

29 Beijos (Moraes e Galvão)

Na madrugada em que eu, Paulinho Boca e Moraes Moreira desistimos de seguir viagem para o Rio de Janeiro e descemos em Feira de Santana, só nos restaram as roupas do corpo. Eles dois deram um jeito, usando camisetas e bermudas emprestadas pelo Rubens, irmão do Paulinho, e pelos amigos que dividiam a casa com ele. Mas eu só tinha a camisolinha azul que vestia naquela noite, mais nada.

Feira de Santana é uma cidade muito quente e com sol forte o dia inteiro, assim dava para eu ficar enrolada numa toalha enquanto lavava minha única roupa e esperava secar. Era o jeito. Não era uma roupa apropriada para uma grávida andar pelas ruas do interior (naquele tempo, nem pelas ruas de Salvador!). Além disso, meu cabelo era compridíssimo, chegava na cintura e contrastava com a camisola curtinha, o que naturalmente chamava muita atenção.

Paulinho Boca e Moraes Moreira também estavam bastante cabeludos, fora dos padrões. A gente sabia que a polícia era cruel e violenta e que seria mais seguro não circular muito pela cidade. O posto de gasolina que o irmão do Boca gerenciava ficava a poucas quadras da casa, então, íamos lá algumas vezes por dia, tomar café e descolar algum lanche. E só.

Os dias foram passando, já estávamos quase na metade de dezembro de 1970. A falta de perspectiva, o calor fortíssimo de Feira de Santana e a rotina casa/posto/casa estavam mexendo com a gente. Nossa vida foi ficando muito chata e sem assunto.

Moraes estava mais paradão, falava pouco. Um dia saiu para tomar café no posto e não voltou mais. Ficamos muito preocupados. A noite caiu, e ninguém sabia dele. Nenhum bilhete ou aviso. Não foi visto no posto nem ali por perto. Procuramos nos hospitais, delegacia, cadeia, nada! Perguntávamos por ele constantemente em todos os lugares, e o caso se espalhou.

Passados alguns dias, recebemos um recado do cantor Jerry Adriani, nos convidando para ir a um show que faria em Serrinha. Ele tinha notícias do nosso amigo. Fomos ao encontro do Jerry, eu não quero mais

que nos contou ter cruzado com Moraes Moreira numa estação, a caminho de Ituaçu, sua terra natal, voltando para a casa da família e desistindo de tudo.

Eu e Paulinho Boca ficamos felizes por nada de pior ter acontecido com Moreira, mas ele tinha que voltar. O único jeito era ir atrás dele urgentemente. Ficamos no posto esperando aparecer alguma carona que pudesse nos levar naquela direção. Primeiro viajamos em um caminhão até Milagres. De lá, outro caminhoneiro nos levou até Vitória da Conquista. Depois ainda fizemos uma travessia de balsa e pegamos mais uma carona numa caminhonete que nos deixou em Ituaçu.

A viagem foi longa e cansativa. Como de hábito, sem comida e sem dinheiro. Só com a roupa do corpo.

Moraes Moreira estava hospedado na casa da sua tia Cleti, que nos recebeu com carinho, acomodando-nos num dos quartos da grande casa. Figura forte, muito respeitada e querida por todos na cidade, era parteira e ajudava as mulheres mais pobres da região a terem seus filhos. Não cobrava nada pelo trabalho e recebia como agradecimento muitas cestas com frutas, legumes, ovos e verduras.

A mesa da cozinha ficava posta o dia todo, havia muita fartura. E muito amor. Naquela casa moravam também uma prima do Moraes Moreira e a avó dele, uma senhora linda e amorosa. Gostava de ficar sentadinha numa cadeira, em lugar estratégico da sala, de onde podia ver todo o movimento das pessoas. Me deu de presente seu terço de contas vermelhas, que usei muitos anos como se fosse um colar e depois fiz brincos com os pedaços que arrebentaram. Guardo um pedacinho dele até hoje, tantos anos depois.

Tia Cleti não achava conveniente ter alguém andando pelas ruas com a tal camisolinha que eu usava e logo costurou dois vestidos para mim.

Os pais do Moraes Moreira, seu Dadinho e dona Nita, moravam em outra casa, na rua de cima, com o Pilô, irmão mais novo dele.

Marília Aguiar

Foi lá que vi pela primeira vez *O sagrado coração de Jesus* na parede, um quadro retratando Jesus Cristo com a palma das mãos abertas e sangrando, feridas pelos pregos da crucificação. Em São Paulo, onde eu fui criada, esse símbolo de religiosidade não era usual nem nas casas dos católicos mais fervorosos. Mas na Bahia quase todo mundo tinha um.
 Seu Dadinho havia adaptado a sala da frente da casa para ser uma espécie de armazém. Uma vendinha, como dizia, onde se encontrava de tudo um pouco. Nem precisava ficar no balcão esperando os fregueses. Ele deixava a porta aberta e ficava deitado dentro de casa. Quando chegava alguém, era só gritar, que ele vinha atender.
 Numa das vezes em que seu Dadinho foi fazer compras para sua vendinha, em Vitória da Conquista, gostou muito de um modelo de sapato feminino. Achou que seria um sucesso de vendas e comprou vários pares iguais, mas todos do mesmo número! Estavam empoeirados na prateleira havia anos, pois Ituaçu era uma cidadezinha bem pequena e não tinha esse movimento todo. Mas seu Dadinho nem ligava para o prejuízo.
 Ituaçu era muito pacata. As pessoas deixavam as portas e janelas abertas mesmo à noite, pois não havia perigo algum.
 A luz de toda a cidade era desligada religiosamente às 22 horas, e só ligavam novamente às seis da manhã. As pessoas colocavam cadeiras nas calçadas e conversavam. Isso era o que tinha para fazer à noite. Os homens ainda podiam ir ao bar e jogar sinuca. Mas só eles! Mulheres nunca.
 Criada em São Paulo e habituada a uma vida muito diferente, foi bem difícil para mim acatar essa determinação. Mas eu não queria decepcionar a tia Cleti, então disfarçava o tédio e ficava ouvindo a conversa das mulheres na calçada.
 O único passeio liberado era visitar a Gruta da Mangabeira, enorme e misteriosa. Estivemos lá algumas vezes, fascinados pelas lendas em torno dela e pelas salas cobertas de estalactites.

eu não quero mais

A família do Moraes Moreira foi maravilhosa com a gente e era confortável estar ali, principalmente depois de tudo que havíamos passado. Mas a vontade de ir para o Rio de Janeiro ao encontro dos outros e retomar nossa vida foi ficando cada dia mais forte.

Conseguimos falar com o Galvão e soubemos que ainda não haviam arranjado um lugar pra gente morar, mas mesmo assim decidimos ir embora e batalhar juntos.

Tia Cleti fazia questão de que ficássemos até dia 6 de janeiro para ver a Folia de Reis, festa importante na cidade. Resolvemos então viajar logo depois, no dia 7 de janeiro de 1971.

Valter, o irmão mais velho do Moraes Moreira, tinha vindo passar as festas de fim de ano em Ituaçu e se prontificou a pagar nossas passagens para o Rio de Janeiro.

Tia Cleti insistiu que eu ficasse por lá até meu bebê nascer, porque queria fazer o meu parto, previsto para uns três ou quatro meses depois. Não tinha muito como saber ao certo, já que, desde que ficara grávida, nunca havia feito nenhum exame pré-natal. Ela não se conformava com nossa vida tão incerta e queria que Paulinho e Moreira viajassem e me deixassem com ela mais algum tempo. Os dois também achavam essa opção mais segura e até tentaram me convencer, mas esse pedido da tia Cleti eu não atendi.

MÃE É MAR

MÃE SÓ NÃO PODE ENTRAR NESSA, MUITO PELO CONTRÁRIO
É SOFRER E CHORAR COMO MARIA, SORRIR E CANTAR COMO BAHIA
E O MENINO SOLTO COMO O DIA

Sorrir e Cantar Como Bahia (Moraes e Galvão)

Marília Aguiar

Ao fim de três dias de viagem, eu, Paulinho Boca e Moraes Moreira finalmente chegamos ao Rio, no dia 10 de janeiro de 1971. Percorremos o primeiro trecho de trem, saindo de Ituaçu até Brumado. De lá pegamos um ônibus até Vitória da Conquista, onde embarcamos em outro ônibus que nos levou até o Rio de Janeiro.

Estávamos ansiosos para encontrar nossos amigos que tinham vindo antes. Pepeu, Odair Cabeça de Poeta, Jean, Pedrão e Carlos Pitoco tinham voltado para São Paulo, onde moravam antes da nossa ida para a Bahia. Baby Consuelo e Galvão estavam no Rio de Janeiro. Ela tinha o apoio da família em Niterói, e ele se virava dormindo na casa de amigos ou de namoradas.

Estávamos novamente sem dinheiro e sem ter onde morar, mas isso já era uma situação recorrente e não nos assustava mais. Por enquanto, o jeito seria comer e dormir onde fosse possível. O importante era estarmos juntos de novo para enfrentar as batalhas da vida.

Não tínhamos malas nem outras coisas grandes, apenas pouquíssimas roupas que cabiam em bolsas e o violão do Moraes Moreira. Assim, no começo, ninguém desconfiava quando aparecíamos para uma visitinha. Mas o tempo ia passando, e nem sinal de irmos embora. De madrugada nos ajeitávamos pelo chão das casas. Íamos escorregando, nos encolhendo e dormindo assim, sem falar nada e sem ter sido convidados. A gente realmente não tinha pra onde ir. Além disso, ainda fazíamos "uma limpa" nas despensas e geladeiras! Claro que isso não era bem-visto pelos anfitriões, mas era a única maneira de nos alimentarmos.

Durante os dias, andávamos pelas ruas de Ipanema e pelas praias. Muitas vezes ficávamos à espreita, na esquina, esperando o João Araújo (diretor da gravadora Som Livre e pai do Cazuza) e Lucinha, sua mulher, saírem de casa para então chamar o Cazuza e a Cedália (empregada deles), que sempre nos colocavam para dentro e nos arranjavam alguma coisa para comer. Cazuza adorava música e se divertia com a gente. Só não dava para dormir por lá.

mãe é mar

Nossa estratégia foi se repetindo tantas vezes que os amigos acabaram assustados. Quando percebiam que estávamos chegando, algumas pessoas apagavam as luzes e ficavam em silêncio, fingindo que não estavam em casa. E não abriam mais a porta. Nossas opções estavam chegando ao fim.

Lembramos então de um casal estranho que havíamos conhecido no ano anterior. Em uma das vindas ao Rio de Janeiro para gravar o *Programa do Chacrinha*, os Novos Baianos acabaram a noite numa festa, na primeira casa do condomínio na Avenida Niemeyer, n° 550. O casarão era deslumbrante, cercado por jardins, com piscina grande e janelões abertos sobre o mar. Na ocasião, os anfitriões, Sônia e Jucélio Dutra, haviam sido extremamente gentis e mostrado interesse por nós.

Resolvemos tentar a velha tática com eles.

Chegamos na hora do almoço para uma visita, anoiteceu e fomos ficando. Mas eles perceberam o que estava acontecendo e ofereceram um quarto vazio em cima da garagem para ficarmos. Aceitamos, claro! Foi uma atitude tão surpreendente que acabamos inventando mil histórias sobre eles. Seriam vampiros? Membros de alguma seita? Imaginação a gente tinha de sobra.

Dentro da casa, no alto da escada havia um quadro retratando um Jesus Cristo bem diferente, com olhos fundos, que pareciam nos seguir. Era tudo bem estranho. Essa imagem foi usada na capa do compacto *Novos Bahianos + Baby Consuelo no final do juízo* (Phillips, 71).

No n.° 550 da avenida Niemeyer existiam algumas residências que logo começamos a explorar. Fomos morar na casa da atriz Betty Faria, um pouco mais acima da casa do Jucélio e da Sônia. Ela consentiu, com a condição de que todos dormissem na varanda sobre almofadas. Apenas eu, por estar grávida, tinha autorização para dormir no sofá da sala, se quisesse.

Para não importunar demais as mesmas pessoas, quando a gente voltava da praia passava primeiro na casa do Jucélio, pegava alguns ovos e outras coisas da geladeira, e ia cozinhar na casa da Betty Faria.

Em março daquele ano, os Novos Baianos assinaram contrato com a Phillips para gravar o LP *Acabou Chorare,* e assim conseguimos finalmente dinheiro para alugar a cobertura de um predinho de quatro andares na rua Conde de Irajá, n.º 532, em Botafogo.

Quando nos mudamos, eu já estava no sétimo mês de gravidez, mas nunca havia ido a um médico nem feito qualquer exame pré-natal. Considerava desnecessário. Gravidez não era doença! Em nossa cabeça essa questão era clara.

Conheci então a atriz Anecy Rocha, que fazia tratamento para engravidar havia bastante tempo com um médico famoso no Rio, o dr. Paulo França Filgueiras. Comovida com minha falta de atenção com a barriga, ela resolveu cuidar de mim e me levou a uma consulta com ele na Clínica Sorocaba, ali em Botafogo mesmo.

O dr. Paulo era tranquilo e atencioso. Achou engraçada, mas não absurda, minha explicação para a falta de um acompanhamento médico até então. Falou que estava tudo certo comigo e com o bebê, pediu alguns exames e agendou uma segunda visita para algum tempo depois.

Na tarde do dia 3 de maio saí sozinha de casa para a consulta programada e já estava na calçada quando ouvi o Pepeu gritando lá de cima que queria ir comigo. Nem esperou o elevador, desceu as escadas correndo, e fomos juntos.

Após um exame rápido, o dr. Paulo nos mandou pegar um táxi e ir direto para o hospital, pois o bebê já ia nascer. As contrações estavam cada vez mais fortes, e não daria tempo de voltar em casa.

Tive muita sorte por Pepeu ter insistido em me acompanhar. Ele estava bem mais assustado que eu. Me deixou lá com as enfermeiras e correu para o apartamento para avisar aos outros. Só o Paulinho Boca ficou sabendo depois, pois estava em Juiz de Fora, na fazenda do Jucélio Dutra.

Vieram todos para a clínica esperar o nascimento, que demorou algumas horas. Ninguém queria sair dali, mas não cabiam no quarto e não podiam ficar no corredor. Eram muitos e falavam alto.

mãe é mar

As enfermeiras avisaram que lá dentro comigo só poderia ficar a Baby. Os outros precisaram esperar no jardim, onde ficaram sem reclamar. Afinal, tinham levado muitos baseados, pois sabiam que poderia demorar.

Dr. Paulo se responsabilizou pelos "loucos". Era muito respeitado no hospital, e ninguém ousou questionar sua decisão. Ele nunca cobrou as consultas, o parto, o pagamento dos assistentes, nada. E ainda pagou ele mesmo as diárias do hospital. Também não cobrou os partos das outras crianças que eu e Baby tivemos sob seus cuidados. Ficava feliz quando íamos ao consultório fazer uma visita, levando apenas cestos de frutas de presente. Adorável, o dr. Paulo!

A gente não havia comprado roupinhas e fraldas para o bebê, mas isso foi solucionado pelo André Midani, então presidente da Phillips, que mandou entregar no hospital uma quantidade tão grande de roupas que daria para vestir umas cinco crianças.

E o nome?

Não tínhamos escolhido ainda, pois era preciso antes ver o rostinho para saber que nome combinava com a criança. E foram muitas as sugestões, de todas as pessoas que frequentavam nosso apartamento. Caetano Veloso sugeriu Luzia, e quase escolhemos esse nome, por ter vindo dele. Outros queriam Ana ou Ana Paula. Ela não tinha cara de nenhum desses nomes e por muito tempo ficou sendo só Buchinha, porque era filha do La Bouche, o Boca de Cantor.

Certa noite o João Gilberto pegou o violão e cantou, olhando para ela: "Não compreendo por que seu nome não é Maria. Tudo é bonito em você, tudo é encanto e poesia. Não compreendo por que seu nome não é Maria."

Como ninguém havia percebido? O nome dela só podia ser Maria.

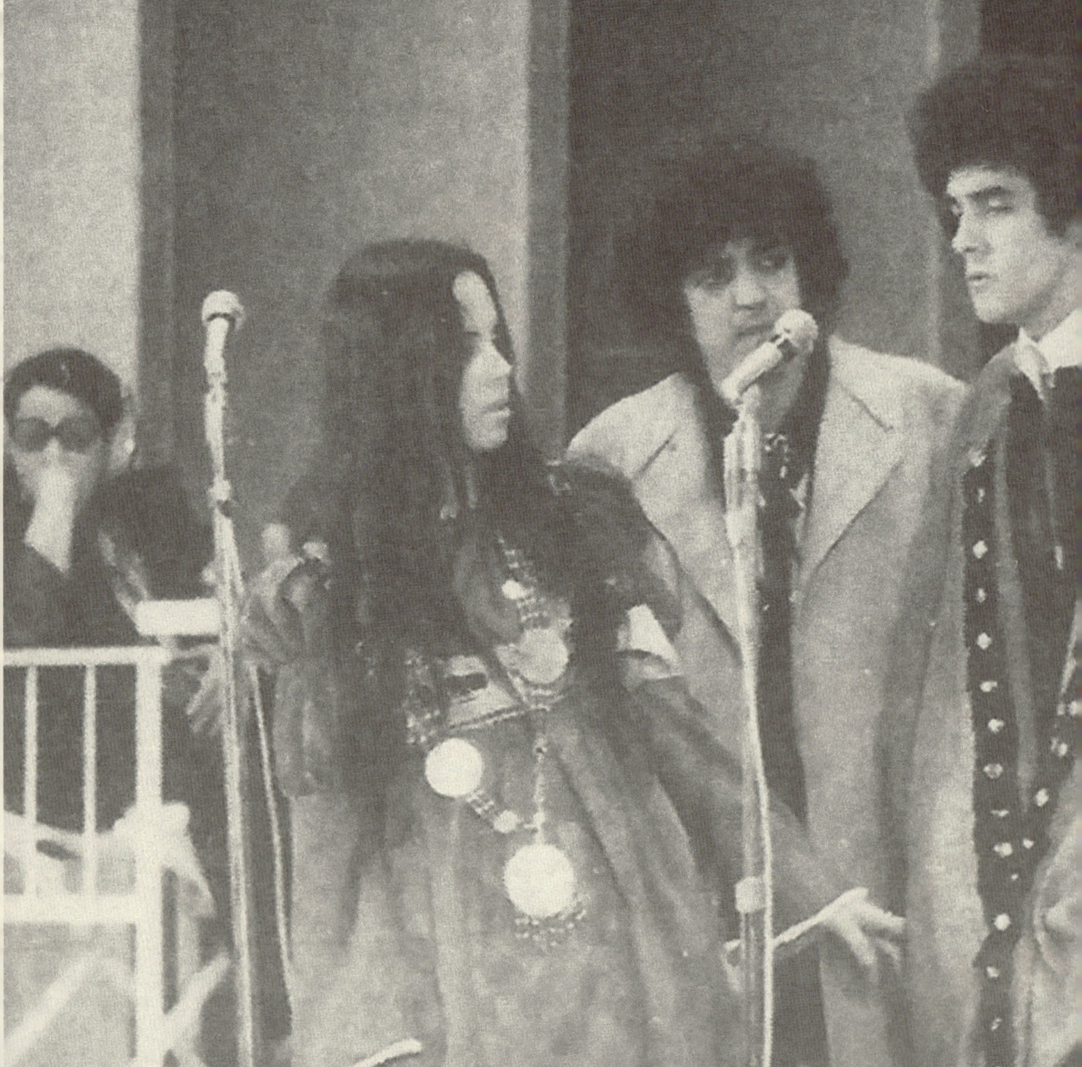

NOVOS BAIANOS NA TV RECORD COM TOM ZÉ EM 1969 (Foto: Reprodução)

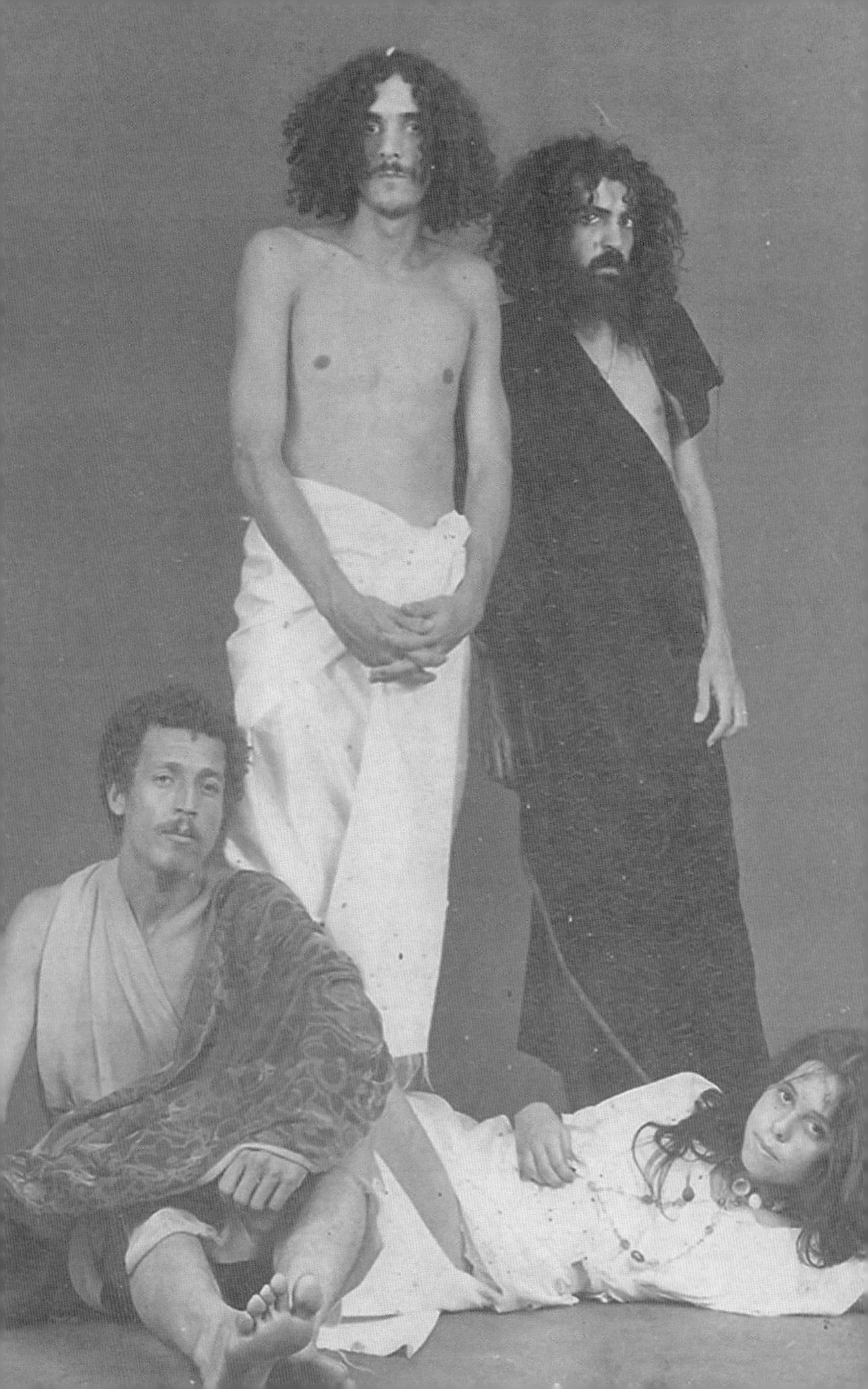

NA CASA DO CHORA MENINO, GALVÃO, BABY, BOCA E MORAES. AO LADO, NOVOS BAIANOS COM FIGURINO BÍBLICO DO SHOW NO TEATRO CASAGRANDE, EM 1971 (Fotos: Reprodução)

PAULINHO BOCA, MARILINHA E BUCHINHA NO APARTAMENTO DE BOTAFOGO
(Foto: Acervo pessoal)

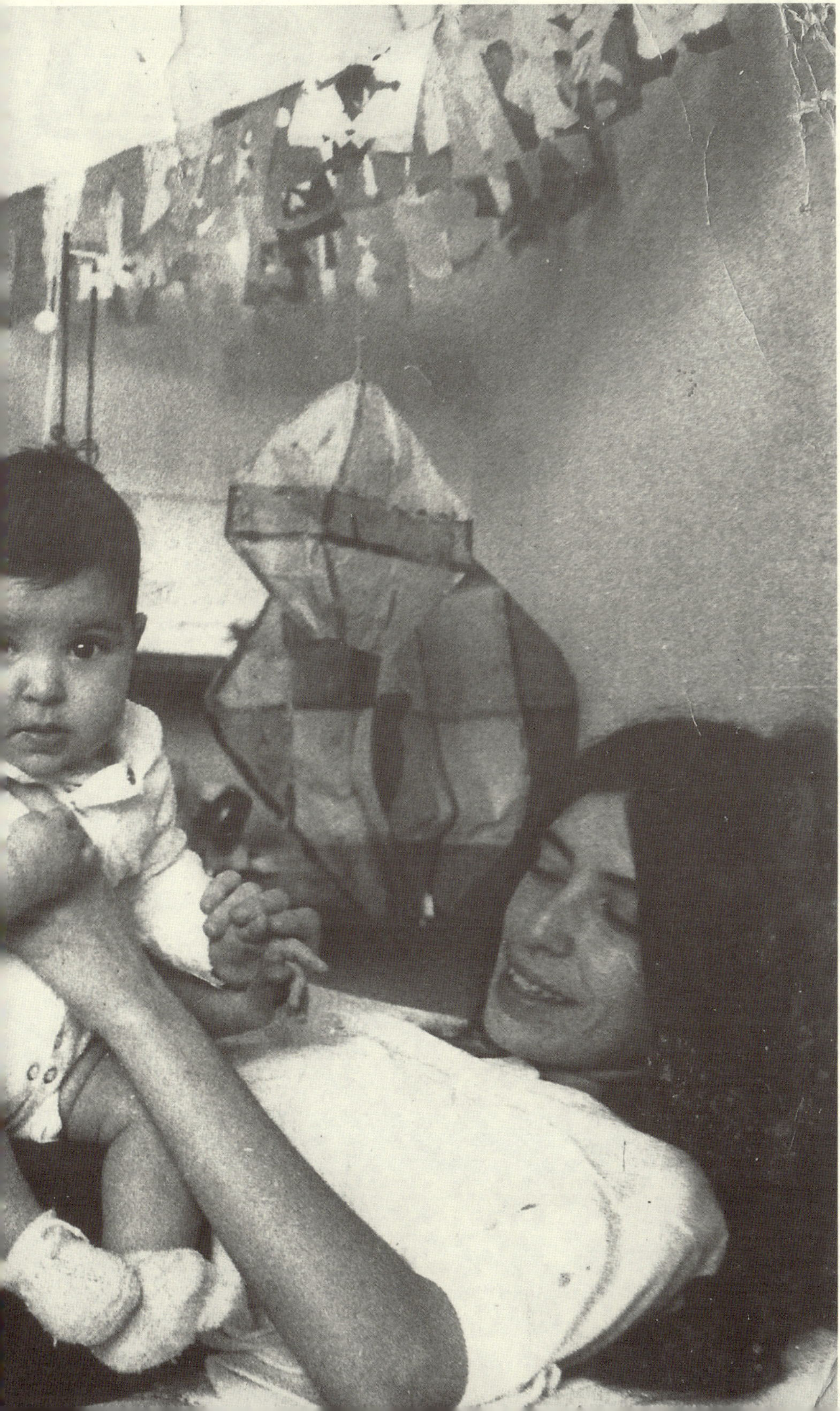

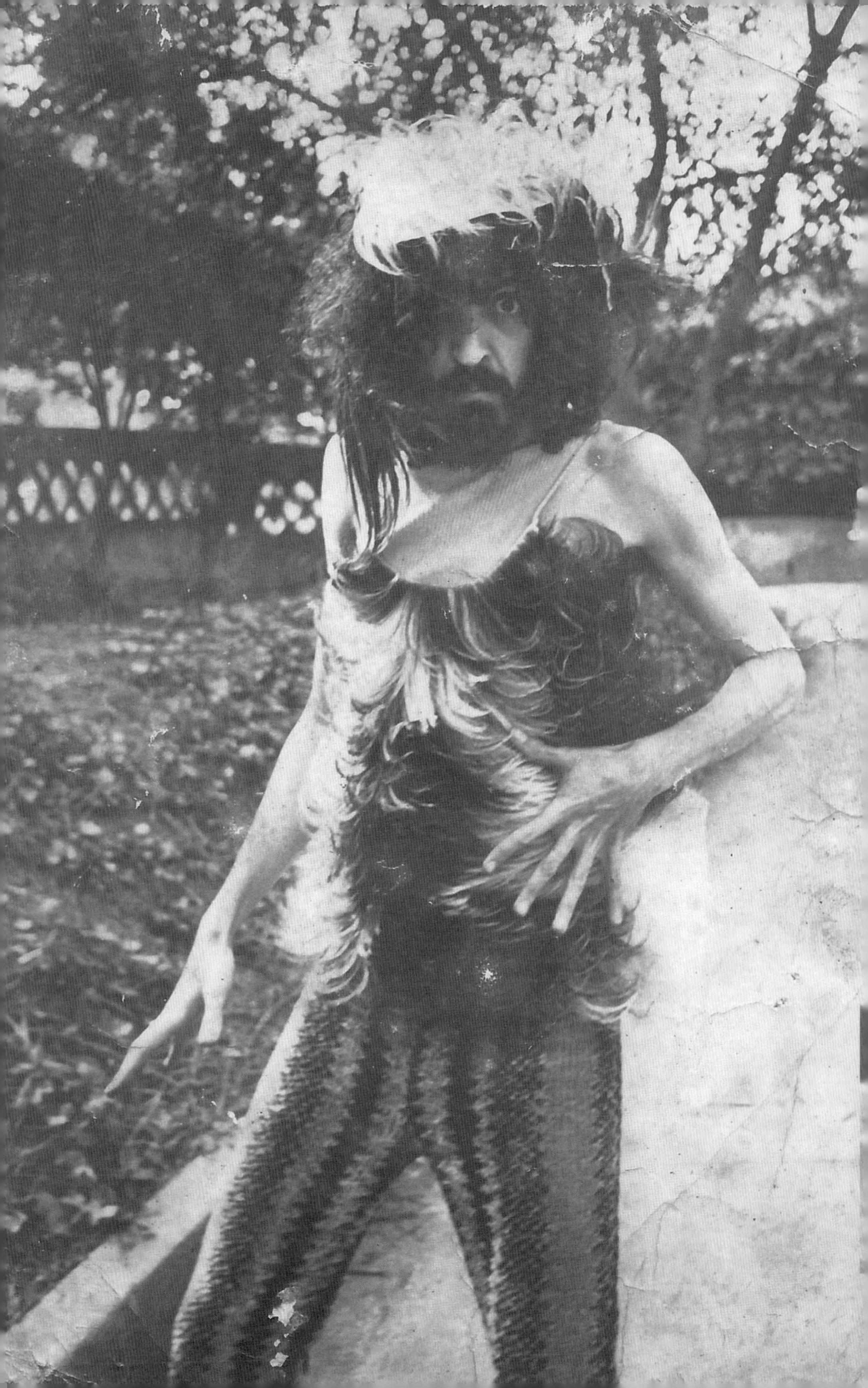

PAULINHO BOCA, NA PÁGINA AO LADO, E PEPEU NA CASA DO CHORA MENINO
(Fotos: Acervo pessoal)

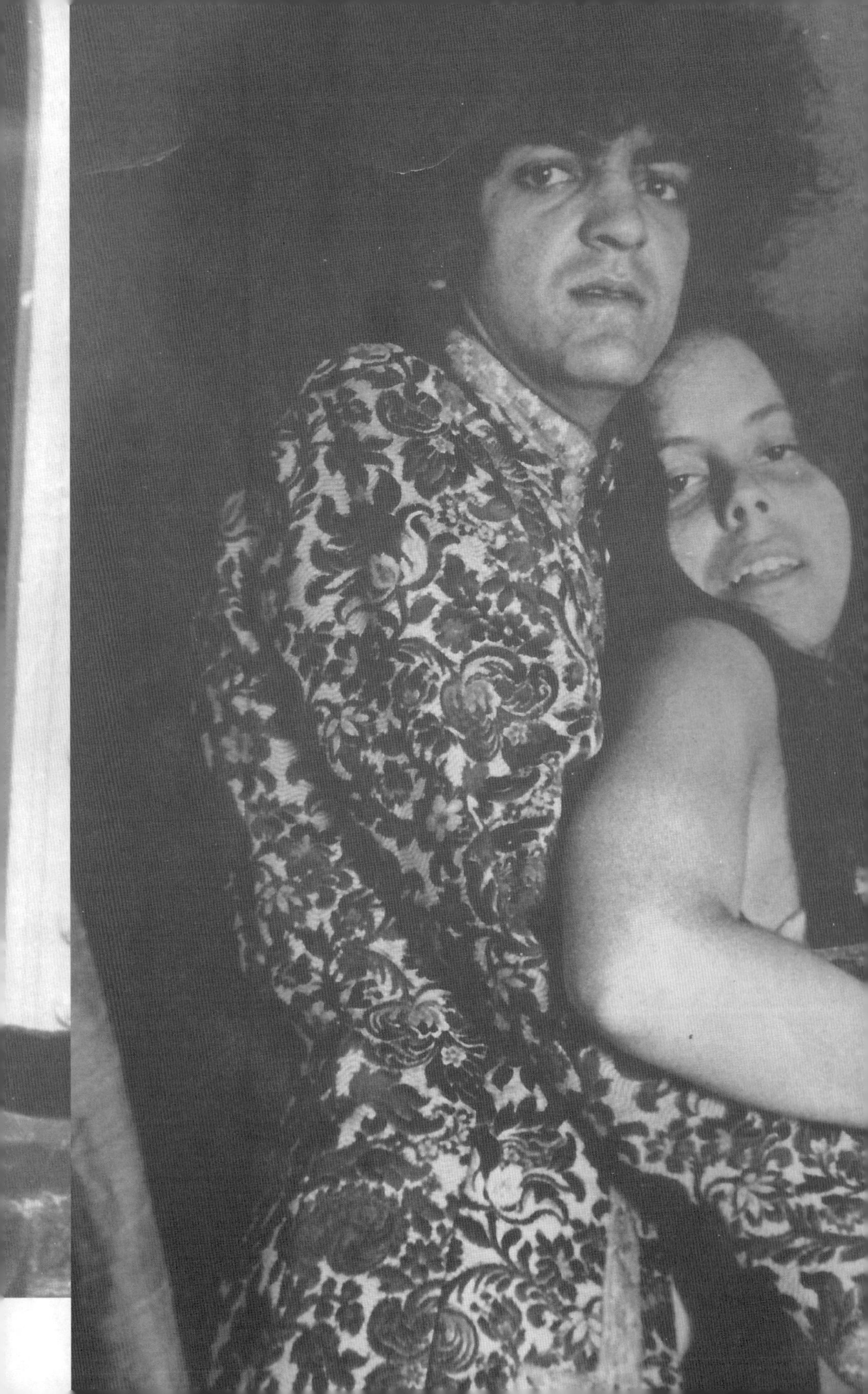

PAULINHO BOCA DE CANTOR, BABY CONSUELO E GALVÃO
(Foto: Reprodução)

MORAES, BOCA E BABY (Foto: Acervo do Arquivo Nacional)

BABY E BARBUDO EM 1971 (Foto: Acervo pessoal)

PAULINHO E BABY
(Foto: Acervo do
Arquivo Nacional)

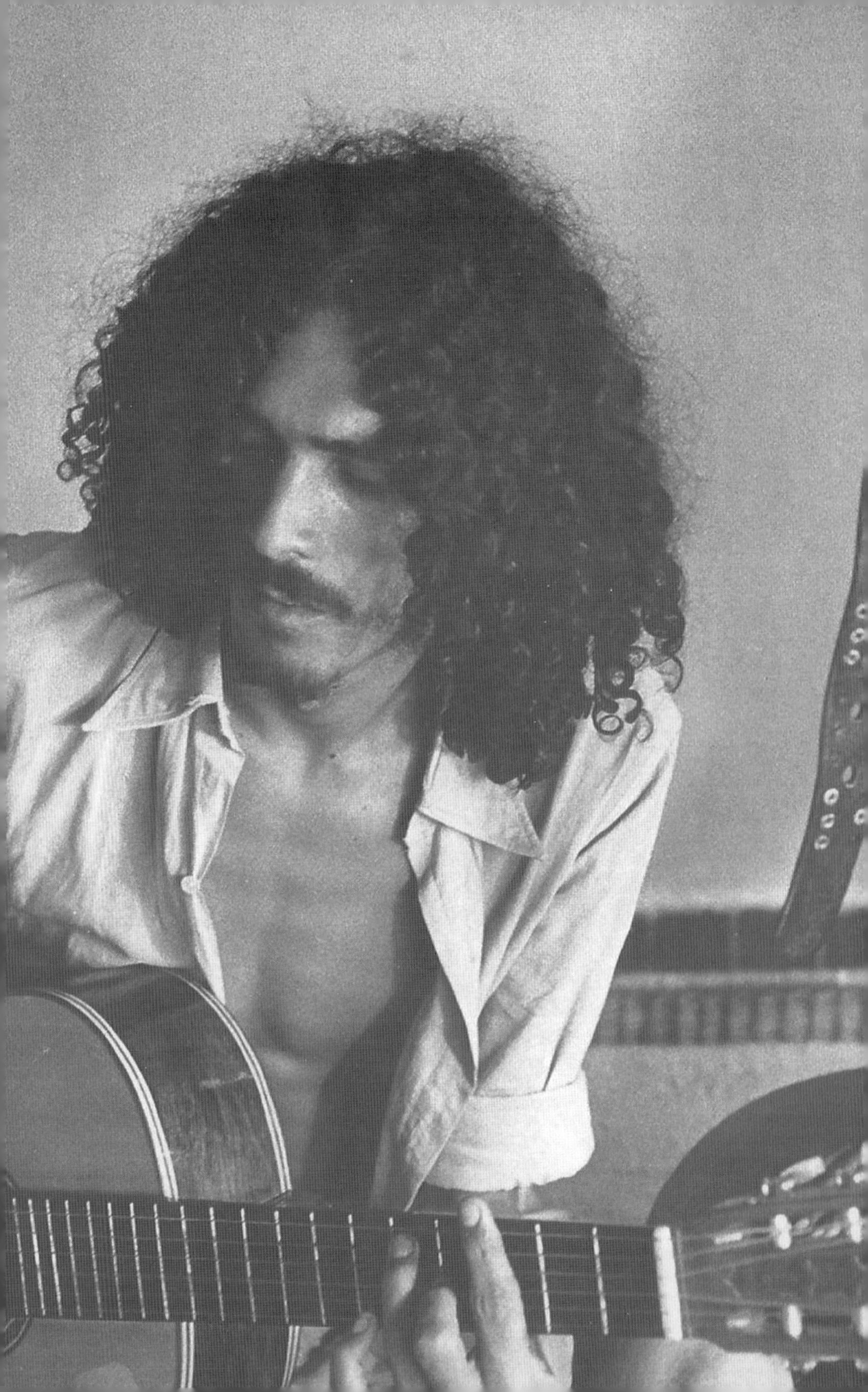

MORAES E PAULINHO NO APARTAMENTO DE BOTAFOGO (Foto: Reprodução)

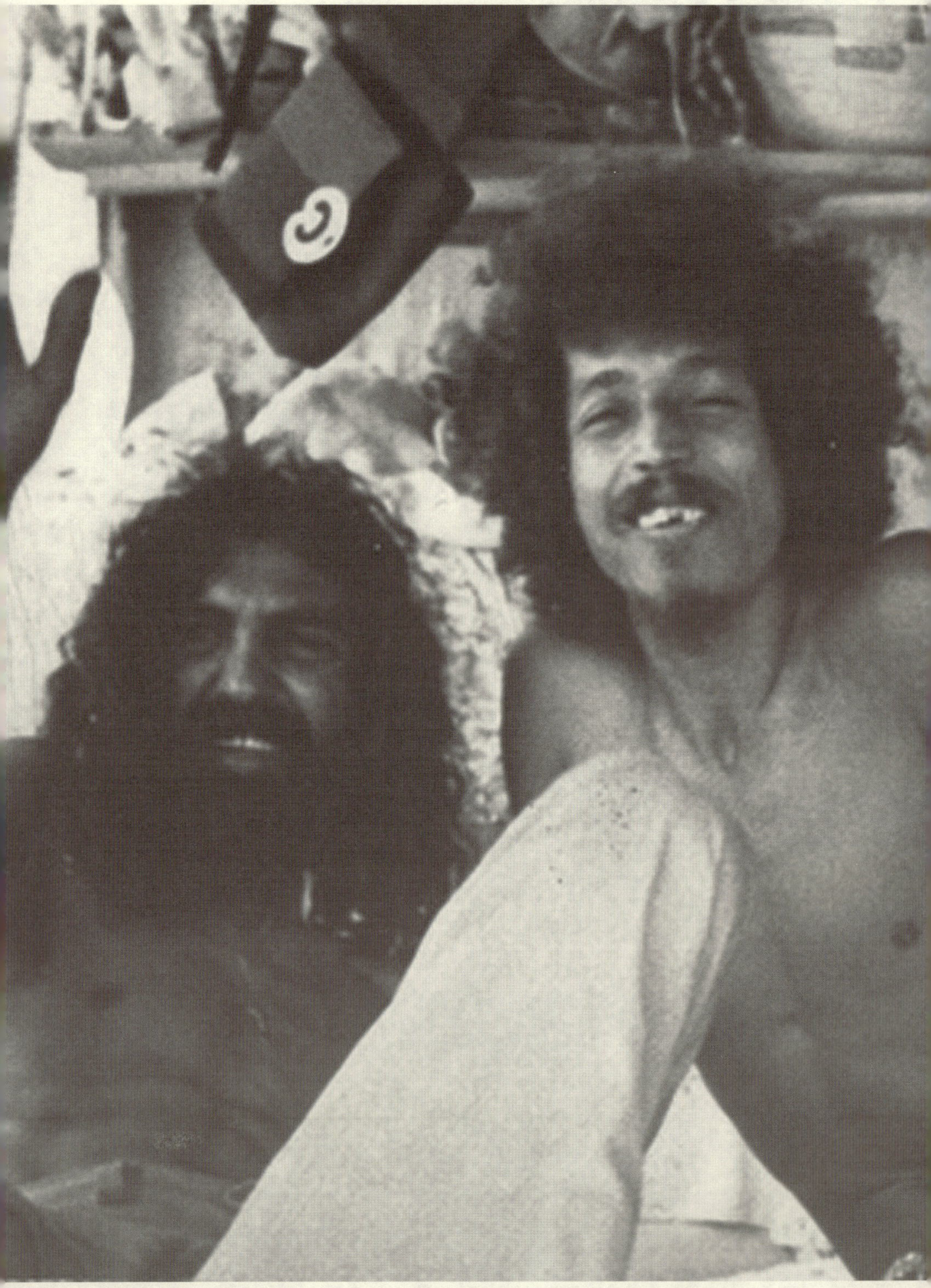

PAULINHO BOCA DE CANTOR, LUIZ GALVÃO, PEPEU GOMES E BABY CONSUELO NO APARTAMENTO DE BOTAFOGO (Foto: Acervo UH/Folhapress)

MARILINHA NA REVISTA
A POMBA (Foto: Rick).
AO LADO, BAXO, PEPEU
MORAES COM RIROCA,
BABY, GATO, NEGRITA,
BOCA COM GIL, GALVÃO,
BOLA, MARILINHA
E DADI (Foto: Acervo pessoal)

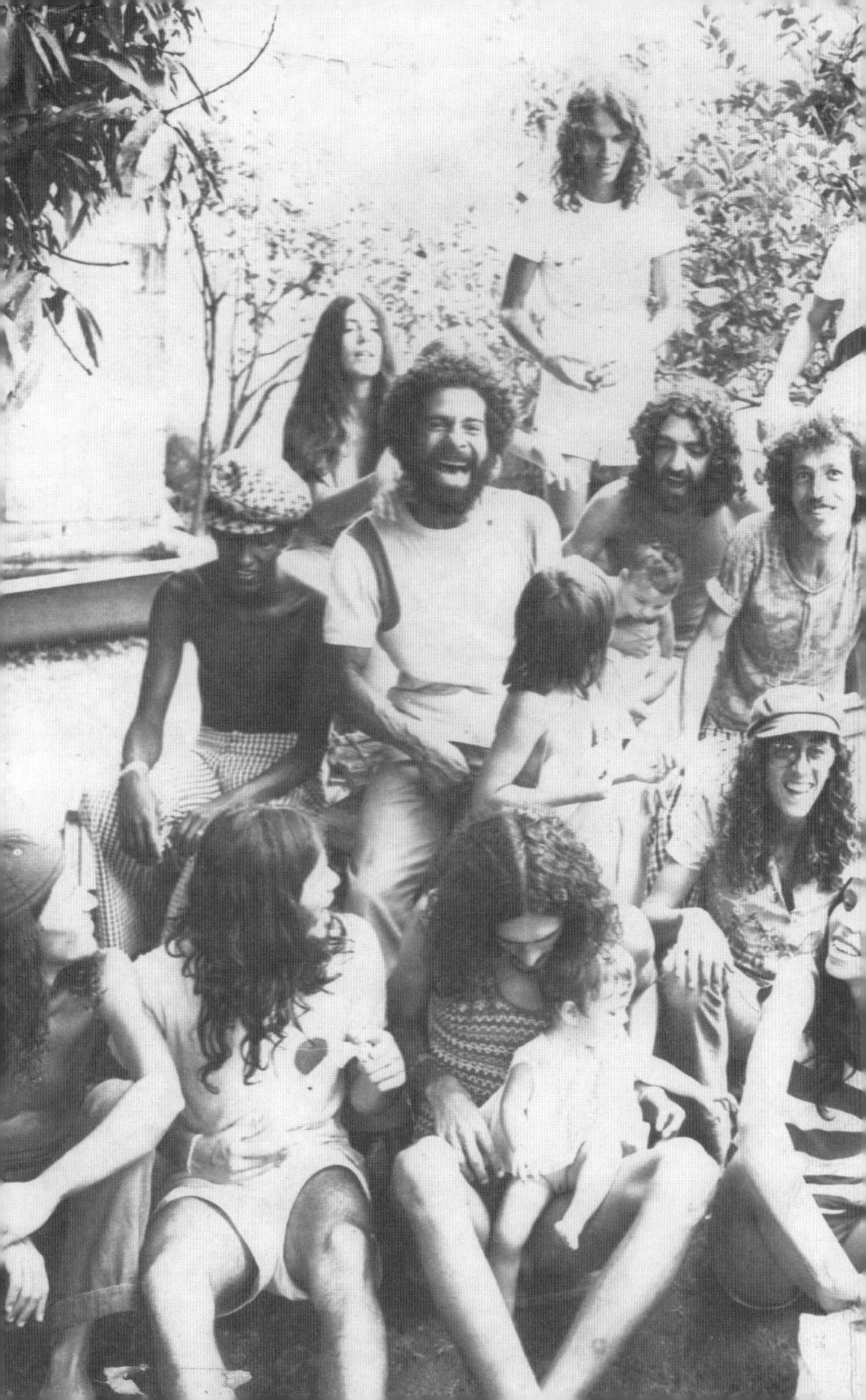

OS NOVOS BAIANOS EM 1969 (Foto: Reprodução)

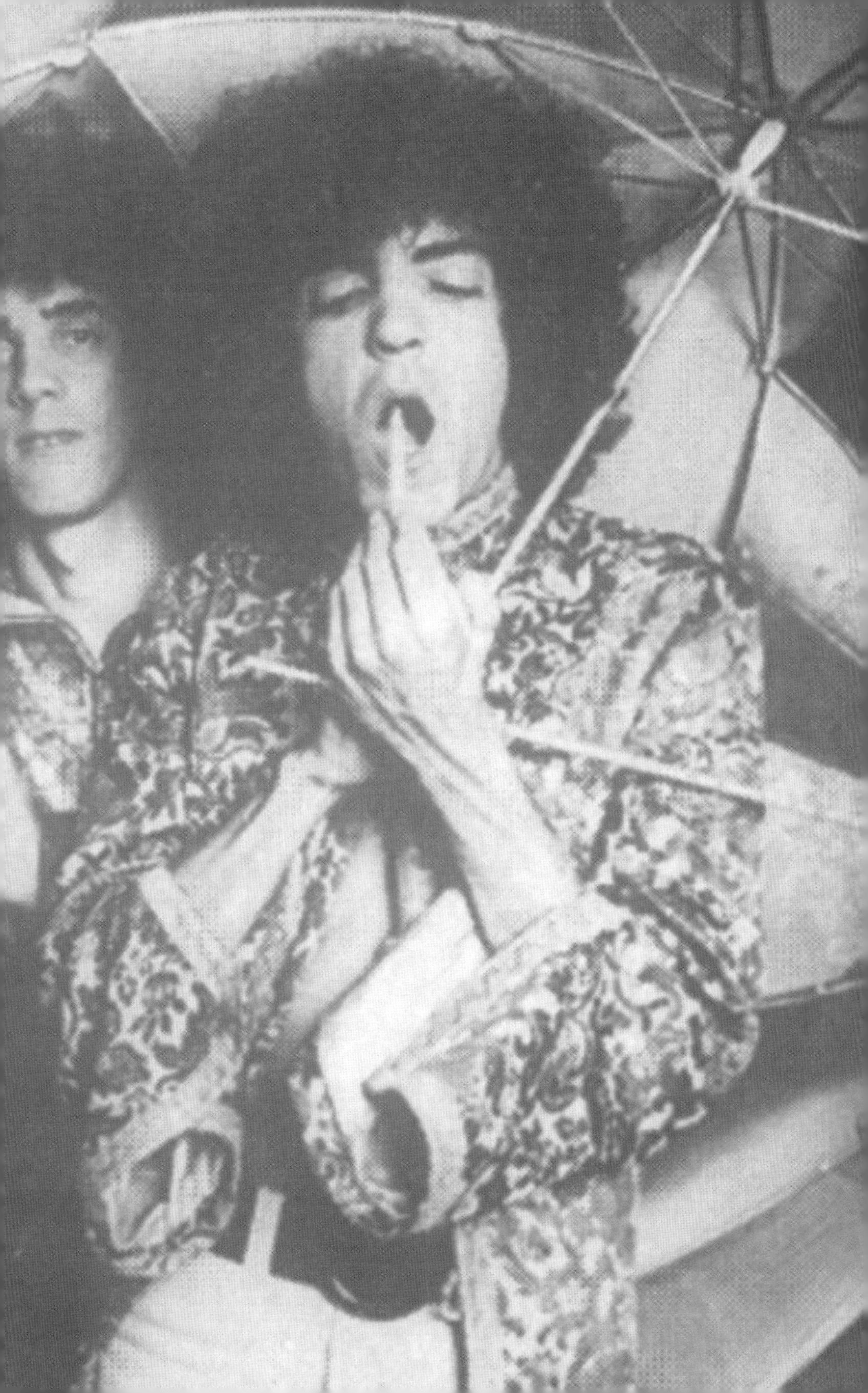

O MEU CORAÇÃO É IGUAL ÀQUELES
QUE TÊM UMA SETA E QUATRO LETRAS DE AMOR
POR ISSO ONDE QUER QUE EU ANDE
EM QUALQUER PEDAÇO EU FAÇO UM CAMPO GRANDE

Swing do Campo Grande (Paulinho, Moraes e Galvão)

EM QUALQUER

PEDAÇO

em qualquer pedaço

O nosso grupo cresceu bastante depois que alugamos a cobertura do n.º 532 da rua Conde de Irajá, em Botafogo, no começo de 1971. Os primeiros que se instalaram lá foram os que estavam morando na varanda da casa da atriz Betty Faria, Luiz Galvão, Moraes Moreira, Grandy, Paulinho Boca e eu.

Pouco depois, a Baby Consuelo também foi morar lá. Pepeu Gomes chegou em seguida e trouxe o irmão, Jorginho. Gato Félix veio da Bahia para viver com a gente. Bola Morais e Baxinho, que eram de São Paulo, apareceram num fusquinha dizendo que iriam passar uns dias com a gente e nunca mais foram embora.

A cobertura não era grande, mas cabia todo mundo. Duas salas, cozinha, um banheiro, dois quartos, um quartinho minúsculo sem janelas e um corredor comprido que ia até a varanda da frente. Estávamos muito felizes por finalmente ter um espaço só nosso, e cada um tratou logo de fazer sua casa dentro do apartamento.

Eu e Paulinho Boca ocupamos o quarto dos fundos, ao lado da sala. Uma esteira era nossa cama. Reservamos um cantinho, que enfeitamos com bandeirinhas de São João, para nosso bebê. Um cesto ou um colchãozinho caberiam ali.

A sala maior ficou destinada, prioritariamente, aos jogos de futebol de todas as tardes. À noite, o Bola Morais, o Gato Félix e o Baxinho dormiam num dos cantos dela.

Na sala menor o Moraes Moreira, que estava namorando a Marília Mattos (Marilhona), colocou uma cerquinha de madeira, com portão e tudo, como se fosse uma casinha do interior com jardim na frente. A esteira deles ficava do lado de dentro da cerca.

Jorginho ficou com o quartinho minúsculo ao lado da cozinha, onde talvez tenha sido uma despensa.

O quarto da frente, maior e com a janela abrindo para a varanda, foi decorado com panos e lençóis, imitando uma lona de circo. Em uma das paredes havia um grande armário embutido. Galvão tirou as portas e se acomodou dentro do armário.

Grandy desmontou uma persiana que ficava na janela da sala, pregou no canto esquerdo da varanda e ficou morando atrás da persiana.

Baby e Pepeu fizeram a casa sobre um estrado de cama, pendurado nas vigas do teto da varanda, do lado direito, a uma altura de aproximadamente 1,70 m do chão. E capricharam na decoração. O estrado tinha três "paredes": a de fora era de plástico, para proteger da chuva. A do meio era um tecido escuro, que funcionava como um blackout para quando fossem dormir, e a interna era um pano clarinho todo rendado, para a casa ficar bonita.

A varanda era nosso lugar preferido no apartamento. Sempre tinha alguém por lá fazendo um som. Várias músicas dos Novos Baianos foram criadas ou finalizadas ali, entre elas "Acabou Chorare" e "Preta Pretinha".

Gostávamos também de jogar Capitão (jogo comum entre as crianças na Bahia que consiste em atirar pra cima alguns saquinhos cheios de areia ou de arroz, com uma só mão, e pegar todos de volta rapidamente com a mesma mão, sem deixar que caíssem no chão), sentados no chão da varanda.

Outra brincadeira muito divertida que fazíamos era amarrar uma nota de dinheiro numa das pontas de um barbante comprido, ficar segurando na outra e jogar lá na calçada. Ficávamos debruçados no parapeito da varanda, olhando para baixo e esperando alguém achar a nota. Quando a pessoa ia pegar, a gente puxava rapidinho o barbante, porque o nosso dinheiro era pouco. Só se fosse alguém com cara de muito necessitado é que soltávamos o barbante.

João Gilberto, Glauber Rocha, Torquato Neto, Ivan Cardoso, Capinam, Waly Salomão, Caetano Veloso, Gal Costa, Anecy Rocha, Luiz Melodia e mais outras pessoas bem interessantes frequentaram nossa casa e participaram de tudo isso.

Não havia móveis no apartamento, e, como nós tínhamos pouquíssimas coisas, armários não faziam falta. As exceções

em qualquer pedaço

eram uma mesa na cozinha, o fogão, poucas panelas, canecas, talheres, pratos e as esteiras. Todo mundo tinha que se sentar no chão mesmo.

Na hora de fazer alguma refeição, se alguém estivesse fora de casa, a gente esperava a pessoa chegar e só então era colocado na mesa o que tínhamos para comer. Para evitar o ataque precipitado de algum egoísta mais esfomeado, inventamos o preceito de que "o quente, o mais bonito, era ser o último a começar a se servir", como uma demonstração de generosidade e desapego.

Cena hilária era assistir a todos rodeando a mesa, loucos para comer, mas disfarçando e esperando que outra pessoa fosse a primeira.

Outra norma que seguíamos era o uso comum das roupas. Qualquer um podia vestir o que quisesse, nada pertencia a uma pessoa só. Não tínhamos armários e tudo ficava exposto, à disposição de quem quisesse usar. Ninguém tinha obrigação de lavar ou devolver depois para o dono. Nunca houve brigas por essa questão, apenas algum embaraço quando mais de um queria usar a mesma peça.

Os ensaios para o show que ia estrear no Teatro Casa Grande precisavam começar, mas faltava um músico para tocar contrabaixo. Um dia, eu e Baby fomos à praia de Ipanema e conhecemos o Dadi Carvalho. Era uma pessoa linda e estava disponível. Nós o levamos até o apartamento para que todos o conhecessem e o ouvissem tocar. Dadi foi integrado ao grupo no mesmo dia e, embora continuasse morando na casa dos pais, estava sempre com a gente.

Jorginho era louco por carros. Não podia ver um por perto que queria sair dirigindo. Fazia loucuras e nem tinha carteira de habilitação! Muitas noites ele esperou Bola Morais dormir, pegou a chave do fusquinha e ficou dando voltas na Lagoa Rodrigo de Freitas até amanhecer.

Essa mania causou prejuízo em duas ocasiões, uma quando ele caiu em um riozinho dirigindo o carro do Nei Conceição (jogador do Botafogo e nosso amigo), que amassou todo. E, mais tarde, quando saiu com o bugre emprestado por uma amiga e capotou na serra de Guaratiba. O carro pegou fogo, e a perda foi total.

Galvão falava sempre de João Gilberto, conterrâneo dele de Juazeiro, que tinha voltado para o Brasil após muitos anos morando no exterior e na época estava no Rio. Queria que todos nós tivéssemos a oportunidade de conhecê-lo.

Numa madrugada senti a presença de mais alguém no quarto onde eu dormia com Paulinho Boca e nossa filha. Abri os olhos e vi João Gilberto em pé bem pertinho, nos observando. Galvão tinha conseguido levá-lo até o apartamento e estava mostrando nossa bebezinha, a Buchinha (que ainda era chamada assim, já que não tínhamos escolhido seu nome, sugerido dias depois pelo mestre).

João Gilberto teve influência fundamental no trabalho musical dos Novos Baianos, e sobre isso muito já foi dito.

Mas foi além. Aprendemos com ele outras coisas maravilhosas.

Ele falava da importância de cantar as frases inteiras, dando sentido à letra. Mostrava o jeito certo de pegar o violão, como se fosse a extensão do próprio corpo, a importância da respiração correta, tanto para quem canta como para quem quer se acalmar.

Ensinou pacientemente a melhor maneira para carregar uma criança e transmitir a ela amor e energia, pressionando as mãos nas suas articulações, como fazia enquanto pegava Buchinha nos braços.

E nos contava sobre iogues e santos que se alimentavam apenas de luz.

Apresentou pra gente a obra de Paramahansa Yogananda e trouxe para o apartamento o primeiro livro dele que conhecemos, a *Autobiografia de um iogue*.

O livro passou de mão em mão, quase todos se interessaram e leram. Alguns assimilaram seus ensinamentos e levaram para toda a vida.

em qualquer pedaço

   Felizmente esse exemplar acabou ficando comigo e, apesar de estar bem velho e cheio de manchas, ainda o leio e guardo com carinho até hoje.
   Sou imensamente agradecida ao João Gilberto por tanto.

AMOR DA CABEÇA

E SÓ TOU BEIJANDO O ROSTO DE QUEM DÁ VALOR
PRA QUEM VALE MAIS UM GOSTO DO QUE CEM MIL RÉIS
EU SOU, EU SOU, EU SOU AMOR DA CABEÇA AOS PÉS

Dê Um Rolê (Moraes e Galvão)

AOS PÉS

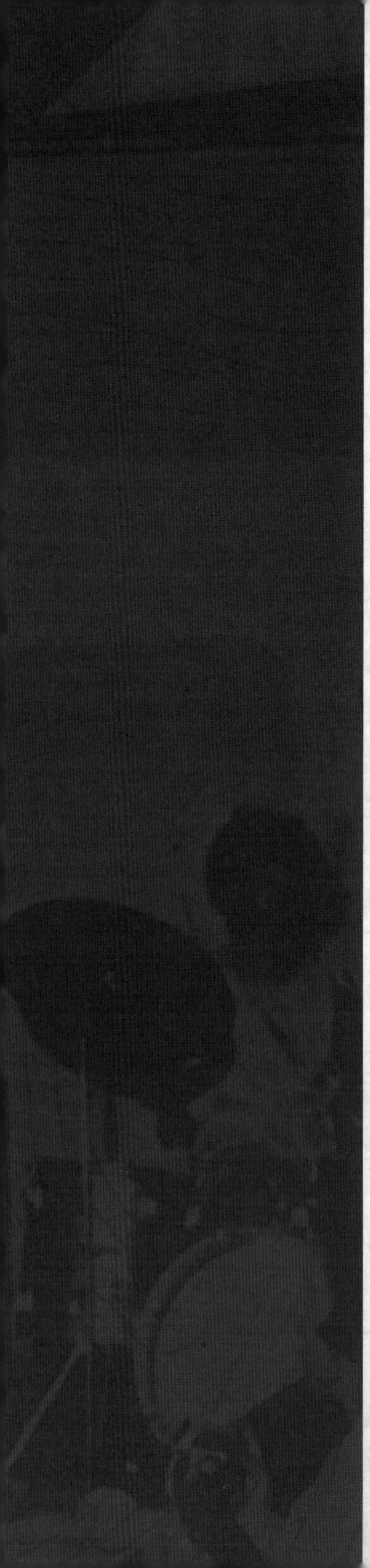

Sílvia. Dona Sílvia. Esse era o nome dela.

Pessoa fácil de encontrar andando pelas ruas de Botafogo, pelos lados da Conde de Irajá, onde a gente morava na cobertura do n.º 532.

Era magra, preta, estatura mediana, pobre, vivia das esmolas e da pouca comida que conseguia. Quase todo dia víamos quando ela parava no bar que ficava na esquina da nossa casa. Gargalhada, o dono, era boa pessoa e sempre guardava alguma coisa para ela comer.

Certa vez, dona Sílvia ficou muitos dias sem aparecer por lá, e sentimos sua falta. Eu e a Baby Consuelo saímos à sua procura pelo bairro, perguntando por ela para outras pessoas que viviam nas ruas. Assim, encontramos o porão onde ela morava, num casarão abandonado da rua Visconde Silva, ali perto.

As condições eram péssimas, a vida dela era muito difícil. Dona Sílvia não tinha como tomar banho, por isso exalava sempre um forte cheiro de xixi.

O que mais nos impressionava nela era o fato de dividir tudo o que ganhava com os três cachorros que a seguiam de perto, os seus amigos, a sua família, talvez. E não eram apenas restos que ela dava! Qualquer coisa que chegasse às suas mãos era repartida em quatro porções e, aí sim, ela e os cachorros se sentavam na calçada e comiam juntos.

Em nossa casa tudo era lisergicamente amplificado de forma bastante intensa. Acontecimentos reais, emoções, sentimentos, músicas e também as interpretações que fazíamos da Bíblia.

As revelações que estávamos vivenciando através da leitura do Novo Testamento não deixavam dúvidas: a gente não precisava de muito para ver anjos, santos e diabos de todo tipo. E dona Sílvia só podia ser uma santa, que se materializou para nos passar seus ensinamentos! Qualquer coisa dita por ela, mesmo parecendo bobagem, certamente tinha um significado que ainda estávamos tentando alcançar.

Nosso mergulho na espiritualidade era singular e bem profundo. Até o figurino para o show que havia estreado no Teatro Casa Grande, no começo de 1970, era inspirado em personagens bíblicos. Moraes Moreira vestido de Daniel na cova dos Leões, algo parecido com uma fralda de pano grande, presa por alfinetes; Paulinho Boca, com a túnica roxa do profeta João Batista; Pepeu, Jorginho e Dadi usavam vestes de anjos. A roupa da Baby era inspirada nos trajes de alguma Nossa Senhora.

Todo o figurino foi confeccionado por dona Lúcia Rocha, mãe da Anecy e do Glauber, que recebia em sua casa na rua das Palmeiras, em Botafogo, aquele bando de malucos com uma enorme Bíblia ilustrada debaixo do braço, mostrando o "modelo" das roupas que queriam usar no show!

Além da leitura da Bíblia, algo que adorávamos nesse período eram as frequentes visitas que João Gilberto nos fazia de madrugada. No apartamento não havia campainha, interfone, telefone. Ele nos dizia que quem estivesse "ligado" ouviria sua voz suave, chamando cinco andares abaixo.

Depois das onze, o silêncio na cobertura era total. Ficávamos circulando mudos, entre o corredor e a varanda, todo mundo a fim de ser o escolhido para receber esse presente.

Quando João chegava era uma festa. Íamos para o quarto dos fundos, que tinha um lençol no teto, imitando lona de circo, e fechávamos todas as janelas para não ver o dia clarear e não "cortar a onda".

João Gilberto se sentava no chão mesmo, no centro do armário embutido sem portas, com todos nós à sua volta, fascinados. Então, só existia aquele som, aquele momento.

Cantava a mesma música por horas a fio, *Izaura, Odete, Às três da manhã, Meu Santo Antônio*. E a cada vez soavam mais perfeitas!

Paulinho Boca, Moraes Moreira e Baby só se atreviam a cantar quando João insistia muito. Ninguém sabia dizer quanto tempo a gente passava assim, mas chegava uma hora em que pintava aquela larica desenfreada.

João Gilberto dava algum dinheiro e íamos, eu e Baby, fazer as compras numa padaria que existe até hoje na esquina das ruas Voluntários da Pátria com Real Grandeza. Depois ficávamos conversando felizes e dividindo pães, frutas, queijos e bolos durante horas.

Um dia, contamos para o João sobre dona Sílvia, exagerando nos adjetivos. Claro, ele precisava conhecer a santa e também usufruir de toda a sua sabedoria!

Convidamos dona Sílvia para lanchar com a gente sem mencionar quem mais estaria presente. Ela aceitou sem titubear e no dia combinado chegou acompanhada dos cachorros.

O porteiro tentou impedir a entrada deles no elevador. O cheiro de xixi que exalava da Dona Sílvia, misturado à murrinha de seus acompanhantes, era mesmo forte e bem ruim. Nem dava para argumentar mais.

Depois de muita insistência conseguimos subir com ela, mas os cães tiveram que ficar esperando na rua.

João Gilberto a recebeu com reverência, tomou café com ela e tentou extrair os tais ensinamentos, mas não perguntou nada. Já dona Sílvia quase não falou. Deve ter sido a ausência dos cachorros!

VOU MOSTRANDO COMO SOU

EU NÃO PASSO DE UM MALANDRO, DE UM MOLEQUE DO BRASIL
QUE PEÇO E DOU ESMOLAS,
MAS ANDO E PENSO SEMPRE COM MAIS DE UM
POR ISSO NINGUÉM VÊ MINHA SACOLA

Mistério do Planeta (Moraes e Galvão)

Quando abandonei a casa da minha família e fui viver com os Novos Baianos, perdi qualquer tipo de apoio que tivera até então, porque eles estavam inconformados com minha mudança radical e temiam por meu futuro junto de um bando de malucos, como chamavam meus novos amigos.

Um ano antes eu tinha sido aprovada em três vestibulares da Universidade de São Paulo: jornalismo, geografia e sânscrito (os exames não eram unificados naquele tempo). Fiquei bem feliz quando vi meu nome nas três listas dos aprovados da USP.

Não cheguei a me matricular em sânscrito, curso que havia me interessado porque cada uma de suas matérias era ministrada em um campus, o que me possibilitaria estudar em vários lugares e com turmas diferentes. E também porque eu tinha sérias intenções de passar um tempo na Índia. Cursei geografia por apenas três meses e jornalismo durante um ano.

Além das perdas imateriais, me vi pela primeira vez completamente sem recursos. Não tinha o atrevimento de pedir dinheiro para minha mãe, meu pai ou minha avó. Isso seria admitir meu próprio fracasso.

O empresário dos Novos Baianos na época em que me juntei ao grupo, Marcos Lázaro, pagava as diárias e algumas refeições diretamente ao hotel onde eles ficavam hospedados. Todas as despesas eram rigorosamente controladas por ele. Dinheiro para qualquer outra coisa só entrava quando faziam shows. E pouco, pois o grupo estava no começo da carreira, não tinha ainda muito público, e o cachê era pequeno.

Na maior parte do tempo nenhum de nós tinha dinheiro para nada. Quando recebiam algum cachê proveniente de shows, eles se reuniam, colocavam no chão do quarto tudo o que cada um tinha consigo, juntavam e dividiam igualmente entre os quatro, Paulinho Boca, Moraes Moreira, Luiz Galvão e Baby Consuelo, os contratados por Marcos Lázaro. Depois, cada um saía para gastar como achasse melhor. Na volta, quase sempre de madrugada, se encontravam novamente, juntavam o que tinha sobrado e, da mesma forma, dividiam outra vez o montante entre todos. Assim, ter dinheiro se tornava uma brincadeira, e quem gastava menos se dava mal. Ninguém pensava em gastar tudo sozinho ou economizar pra depois, só valia o momento.

Eu também queria colaborar nas despesas, então precisei inventar maneiras para arranjar algum dinheiro. Comecei vendendo minhas próprias roupas para minhas irmãs Márcia e Maísa. Ou melhor, eu vendia, recebia delas o alto valor cobrado e, na sequência, pedia a mesma roupa emprestada e saía vestida com ela. Fiz isso durante um bom tempo, até acabarem as peças que elas gostavam!

Maísa, a caçula, se preocupava com o sofrimento que eu estava causando a nossa mãe por conta de meu afastamento. E tinha um agravante: eu não frequentava mais a Igreja Presbiteriana, como fazia desde pequena com ela.

Para nossa mãe ficar feliz, a Maísa propôs me pagar para que eu fosse à igreja aos domingos de manhã. Topei, claro. Eu chegava pontualmente no final do culto e me sentava na última fileira, assim ninguém poderia confirmar a que horas eu tinha entrado. Maísa me pagava escondido, a nossa mãe ficava cheia de esperanças e eu saía correndo para encontrar os Novos Baianos, que àquela hora ainda estavam acordando no Hotel Danúbio. Já tínhamos algum para gastar naquele dia!

Mas essa estratégia não durou muito, porque eu não aguentava mais ir tão cedo até a igreja, na Lapa, todo domingo. Precisei empregar outras táticas.

Lembrei que meu pai tinha um primo, José Homem de Montes, que era um dos diretores do jornal *O Estado de S. Paulo*. Sério e ocupadíssimo, ele frequentava pouco nossa casa e, portanto, não devia saber ainda o que eu andava fazendo.

Um dia, fui até seu escritório no quinto andar do jornal, inventei despudoradamente uma história sobre uma enchente que havia destruído as casinhas dos pescadores de Ubatuba e salientei a importância da sua doação para auxiliar a reconstrução. Fui tão convincente que saí dali com uma quantia razoável.

Infelizmente, ele comentou sobre nossa conversa com alguém da família, os comentários foram se espalhando e chegaram aos ouvidos dos meus pais. A indignação e raiva só aumentaram.

Em 1971, já morando em Botafogo, no Rio de Janeiro, troquei uma joia linda de muito valor que ganhara da minha mãe por algumas frutas, numa quitanda bem ruinzinha que ficava perto de casa.

No mesmo ano consegui arranjar um bom dinheiro posando nua e grávida de oito meses para fotos publicadas na extinta revista *A Pomba*. Aconteceu por acaso. Eu estava andando por Ipanema de camisolinha curta e cabelão quando recebi o convite de um fotógrafo da revista.

Aos poucos fui me acostumando a essa nova realidade e não sentia arrependimento algum pela troca que fizera, porque todos os dias tinham se tornado intensos e divertidos.

Com o tempo, todos nós, dos Novos Baianos, fomos criando e aperfeiçoando maneiras inusitadas de conseguir dinheiro, por necessidade mesmo. Não sentíamos tristeza ou vergonha com essa condição. Ao contrário, acreditávamos que era correto e natural ter apenas o mínimo necessário. Além disso, as situações em que nos envolvíamos acabavam sendo bem engraçadas.

Muitas vezes, eu e a Baby ficamos na porta do Cine Bruni, em Ipanema, pedindo um conto (talvez o equivalente hoje a um real) para todos que entravam ou saíam das sessões.

A maioria das pessoas dava dinheiro!

Outro jeito que inventamos e se tornou frequente era fazer compras de madrugada no supermercado da rua Siqueira Campos, em Copacabana. Chamava-se Casa da Banha (hoje é o Mundial) e ficava aberto 24 horas. Íamos às compras sem ter dinheiro algum.

A gente ia pegando tudo que precisava, depois encostava o carrinho na fila do caixa e saía pedindo dinheiro para as outras pessoas que estavam lá comprando também. Dizíamos que faltava um pouquinho para completar. E éramos honestíssimas, só levávamos o absolutamente necessário. O único supérfluo que nos permitíamos comprar no supermercado era algum presentinho, caso fosse aniversário de alguém de casa. Meias, balas Toffee Bhering ou chocolates. Só isso.

Essa estratégia se repetiu tantas vezes no mesmo lugar, que acabou chamando a atenção dos seguranças do supermercado, e eles ameaçaram chamar a polícia. Aí, precisamos parar, não dava para arriscar uma delegacia.

Outra forma, muito eficiente por sinal, de arranjar dinheiro, foi praticada diversas vezes por todos da casa.

Cinco pessoas entravam no carro do Bola e saíam pelas ruas. Quando o sinal fechava, rapidamente quatro desciam e pediam dinheiro para os motoristas que estivessem nos carros ao lado, na frente e atrás. Surpresos, e até um pouco assustados, quase todos davam algum.

O método usado para colocar gasolina no carro do Bola era ficar parado nos postos aguardando outros carros virem abastecer. Então, a gente pedia dinheiro a todos para completar o valor que, supostamente, já tínhamos.

Fizemos várias viagens Rio-São Paulo-Rio abastecendo o carro do Bola assim, nos postos da Via Dutra.

Sobrava até um trocado para tomar Ovomaltine na estrada.

BOM DEMAIS

MAS QUE BOM, TODOS UM COMO UM DIA,
NÃO RIA,
SORRIA COMO NÓS

Cosmos e Damião (Moraes e Galvão)

PRA SER AQUI

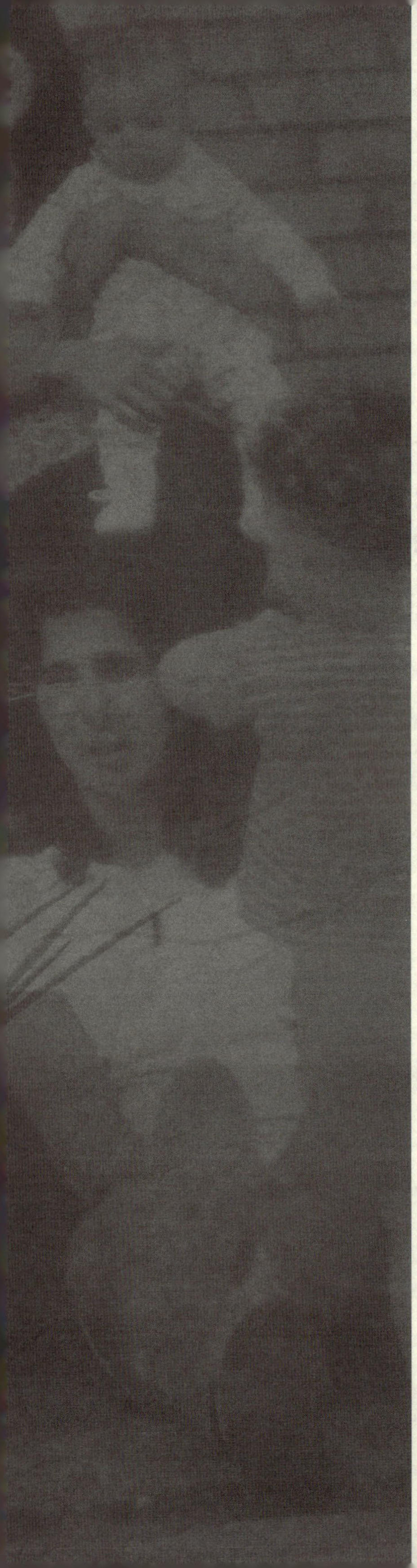

bom demais pra ser aqui

Moramos no apartamento de Botafogo por um ano apenas. Depois desse tempo, tornou-se inviável continuar lá. O reajuste no aluguel acima do esperado e a insatisfação do proprietário com as reclamações frequentes dos outros moradores do prédio aceleraram nossa decisão.

As queixas se repetiam mais uma vez em razão dos excessos, do barulho, da fumaça, do cheiro de maconha, do futebol disputado na sala, do grande movimento de pessoas entrando e saindo. Tudo incomodava nossos vizinhos. Além disso, a gente precisava de mais espaço e de privacidade, coisas impossíveis de conseguir no apartamento.

Ficamos sabendo, por um amigo, de um sítio que estava para alugar em Jacarepaguá, na Estrada dos Bandeirantes, n.º 20.160, na distante Vargem Grande, zona oeste do Rio de Janeiro. Na época, um local quase deserto.

Mudamos para lá no dia 15 abril de 1972. Tudo o que tínhamos coube em uma Kombi alugada e no fusquinha do Bola Morais, inclusive todos nós.

Moraes Moreira e Marilhona foram depois, porque nesse mesmo dia nasceu a Ciça (Maria Cecília), primeira filha deles.

Poucos dias depois, o carro do Bola quebrou e permaneceu sem conserto. Ficou estacionado perto do portão por tanto tempo que o mato tomou conta dele. Acabou assim, como se fosse um enorme vaso de plantas.

Nossa chegada ao sítio foi uma alegria indescritível! O grande portão verde era pintado com uma bandeira do Brasil que ostentava no lugar do lema positivista *Ordem e Progresso*, o nome do sítio: Cantinho do Vovô.

Logo na entrada havia um gramado ideal para o futebol diário. No fundo do terreno encontramos muitas árvores carregadas de carambolas, peras, laranjas, goiabas, jenipapos, bananas. Tudo ali era perfeito para nós.

O dono do sítio ficou um tempão com o molho de chaves nas mãos, tentando fazer com que algum de nós prestasse atenção às recomendações e explicações sobre o funcionamento geral. Mas não adiantou, ninguém queria saber daquilo, todos só pensávamos em devorar as frutas.

Por fim, ele desistiu, e assim nunca soubemos que fim levaram as chaves, mas isso não importava naquele momento. Durante os anos em que ali vivemos, o sítio nunca foi trancado.

Quando a gente viajava, as portas e o portão permaneciam apenas encostados. Na volta, era comum encontrar estranhos andando pela Estrada dos Bandeirantes vestidos com as nossas roupas. A gente achava justo e até engraçado. Se a pessoa pegou era porque gostava ou precisava.

No Cantinho do Vovô não tinha água encanada, era preciso ligar uma bomba e puxar do poço. Havia duas casas ali, a do lado esquerdo era bem pequena, com cozinha, banheiro e dois quartinhos. Já a do lado direito era um sobradinho com dois quartos embaixo e um banheiro pequeno. E, na parte de cima, um salão grande com entrada independente e acesso por uma escada que ficava do lado de fora. Esse sobrado era recoberto por ladrilhos brancos com o desenho de uma pomba estilizada.

No meio do terreno e encostado ao muro do lado esquerdo havia um pequeno galpão transformado depois em estúdio, mas sem isolamento acústico e sem portas. Bem no fundo, do lado direito, encontramos restos do que tinha sido um galinheiro. Atrás da cozinha da casa menor, em paralelo ao sobradinho, existia um pequeno terreiro cimentado com o poço no meio. Foi ali que instalamos depois um chuveirão frio ao ar livre.

Continuávamos dormindo em esteiras, que amanheciam molhadas devido à umidade da região de Jacarepaguá. Dizem que séculos antes toda aquela área era coberta pelo mar. O jeito era deixar tudo no sol durante o dia para secar.

Ocupamos o sítio assim: os solteiros ficaram no salão superior. Galvão, Bola Morais, Gato Félix, Jorginho Gomes e todos os que foram chegando depois, o Charles Negrita (que veio para a festa de um ano da Buchinha em maio e ficou para sempre), o

bom demais pra ser aqui

Dadi (só nos dias em que dormia no sítio), o técnico de som Paulo César Salomão, o Índio argentino chamado Guanabi, o boliviano Joe e o Grilo (um garoto de aproximadamente 13 anos que apareceu por lá e inclusive está numa foto histórica dos Novos Baianos). Mais tarde o Bola Morais e o Jorginho Gomes ajeitaram um pouco o paiol que havia no meio do sítio e se mudaram para lá.
    Os visitantes que vinham para os jogos ou para uma festa ou outra e as namoradas eventuais dos meninos também dormiam ali. Alguns por tempo até demais.
    Baxinho logo ocupou um dos quartos da casinha menor, e ninguém se atreveu a dividir o espaço com ele. Eu, Paulinho e Buchinha ficamos no outro. Baby e Pepeu ficaram no quarto da frente do sobrado. Moraes Moreira e Marilhona, no do meio.
    Algum tempo depois, consertamos o antigo galinheiro, fizemos uma divisão no meio, colocamos portas e janelas e nos mudamos para lá. Baby, Pepeu, Riroca e Zabelê de um lado. Eu, Paulinho Boca, Maria (Buchinha) e Gil, meu segundo filho, do outro. Conseguimos também instalar água encanada, e isso melhorou muito a nossa vida.
    Não tínhamos conta em banco. Todo o dinheiro que entrava ficava guardado dentro de um meião de futebol atrás da porta do meu quarto. Os gastos eram decididos em conjunto, conforme as necessidades de cada um. Mas o material para o time de futebol (camisas, chuteiras, calções, meias, bolas e maleta dos primeiros socorros) tinha prioridade total. Antes de trazer o dinheiro para o sítio sempre tinha a parada obrigatória na loja do Nílton Santos que abastecia o time. O resto podia esperar. Se fosse preciso a gente comprava fiado no armazém da mesma estrada.
    Nosso café da manhã demorava horas. Comprávamos frutas do seu Parrudo, em um sítio próximo. Pão, leite e manteiga na padaria do Largo da Taquara.
    Depois do café, passávamos um bom tempo debaixo do pé de carambola fumando um baseado, conversando e rindo muito.

Nas tardes, rolava o sagrado "baba", a pelada no campinho da frente e, no final, quase sempre tinha muita discussão. Aliás, as brigas só aconteciam por causa de futebol.

Às vezes, quando vinham mais amigos ou mesmo jogadores profissionais e dava para completar dois times de onze, o jogo era transferido para um campo maior, o Guanabara, que ficava perto do sítio, na Estrada da Boca do Mato. Fagner, Evandro Mesquita, Afonsinho, Nei Conceição estavam sempre lá. Até Jairzinho, jogador da seleção brasileira, passou um tempo no sítio. Depois do jogo, já no final da tarde, o almoço virava uma festa.

Na grande maioria das vezes, quem cozinhava era eu. Charles Negrita e Paulinho Boca só entravam nessa quando fazíamos um prato especial ou nas grandes festas. Nessas ocasiões, as panelas ficavam pequenas para comportar tanta comida. Então, usávamos bacias de alumínio grandes num fogão de lenha improvisado no terreiro.

Nas madrugadas, quase sempre Pepeu fazia um bolo (ele é ótimo boleiro). Todo mundo se amontoava em volta do forno esperando ficar pronto. Não dava nem tempo de esfriar.

A vida no Cantinho do Vovô era muito alegre. Tanta coisa acontecia que até perdíamos a noção do tempo.

Tinha música ao vivo o tempo todo. Moraes Moreira e Pepeu, principalmente, já acordavam tocando.

Salomão instalou caixas de som nas árvores e, então, de qualquer ponto do sítio era possível ouvir o que estava rolando lá atrás no estúdio. Me lembro do dia em que estavam compondo "Besta é Tu" e de como essa música rapidamente tomou conta do sítio e contagiou todo mundo.

Enquanto vivemos no Cantinho do Vovô, tivemos a sorte de conhecer pessoas incríveis, como o índio Guanabi, que cuidou de todos nós. Ele fazia massagens com óleos especiais e receitava remédios naturais. Foi ele quem me sugeriu pela primeira vez não comer carne e ser vegetariana. Índio, como o chamávamos, me emprestou um livro escrito por Ghandi que falava sobre isso, e o que aprendi com ele se tornou importante demais para mim.

Já com esse assunto dominando meu pensamento e com a certeza de que seria difícil continuar manipulando e ingerindo qualquer tipo de animal, ainda tentei fazer uma ceia tradicional na véspera do Natal de 1973. Lavei e deixei um peru secando na pia da cozinha enquanto fui fazer outra coisa. Quando voltei foi um choque ver aquela imagem do peru sentado na pia, parecendo vivo. Nem consegui colocar para assar! Desde então nunca mais comi nenhum animal.

Quem acabou comendo o peru foi a Pretinha, cachorra lá do sítio, e seus amigos cães. Pretinha era danada.

Certa vez, a equipe do *Fantástico*, da TV Globo, marcou com a gente de ir fazer umas gravações sobre a nossa vida em comunidade no sítio e a paixão dos Novos Baianos por futebol.

A primeira locação seria o Campo do Guanabara, na Estrada da Boca do Mato, durante um jogo do time Novos Baianos Futebol Clube. A segunda, no sítio, onde o apresentador Miéle faria algumas entrevistas.

Naquele mesmo dia era aniversário do Dadi, e, logo pela manhã, fiz um bolo enorme que deixei na mesa, antes de sair com os outros para o campo de futebol.

Na volta, encontramos o bolo destruído. Pretinha e os cachorros do pedaço haviam devorado tudo.

FICOU TUDO LINDO

INVADIU-ME A CASA
ME ACORDOU NA CAMA
TOMOU MEU CORAÇÃO

Acabou Chorare (Moraes e Galvão)

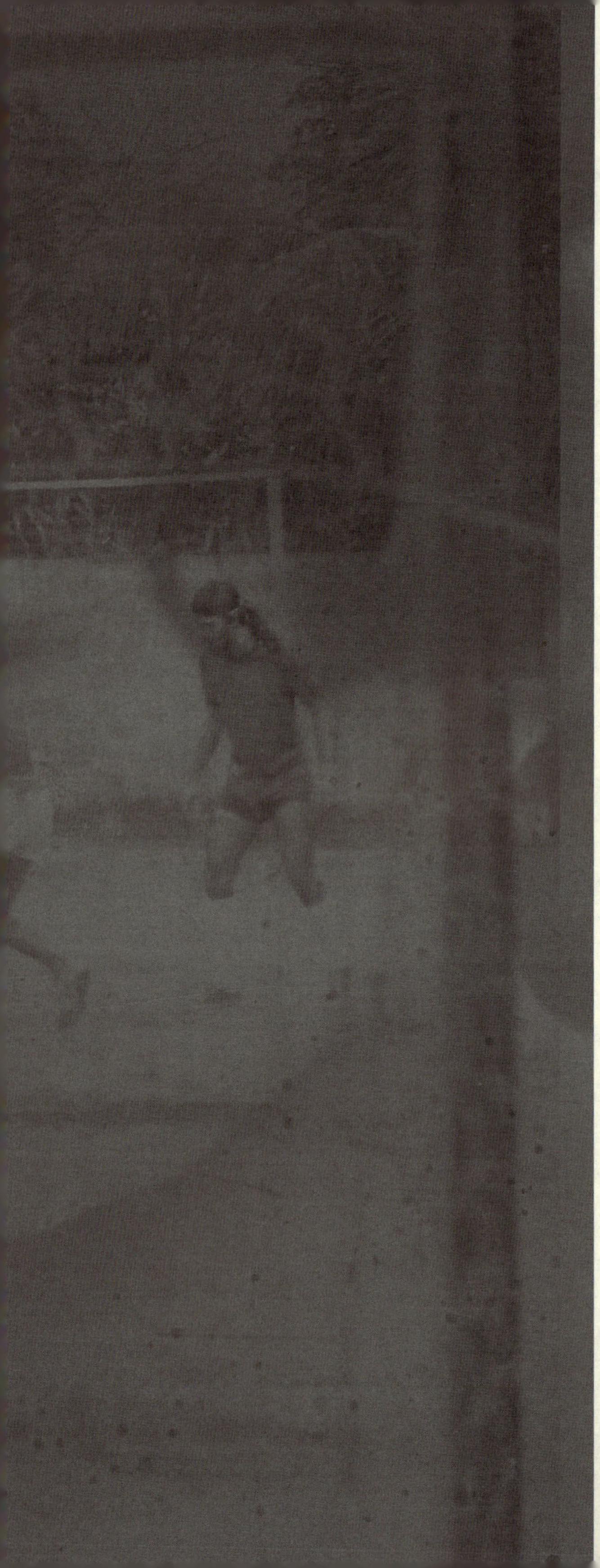

ficou tudo lindo

18 de julho de 1973, mais um aniversário da Baby. Desde cedo eu pensava nas coisas que precisava providenciar para que fosse uma grande comemoração. Afinal, era para minha amiga querida, uma verdadeira irmã, com quem dividi muitos momentos intensos e felizes. Tudo precisava ser como ela gostava.

Eu estava com um barrigão enorme de quase nove meses de gravidez. Mas, mesmo assim, saí do sítio em Jacarepaguá e fui sozinha de ônibus até o Mercadão de Madureira comprar as coisas para a festa.

Levei comigo minha filha Maria, que tinha apenas dois anos e dois meses e ficou quase todo o tempo no colo, encaixada na cintura, meio de lado, por causa da barriga. Voltei de lá trazendo sacolas bem cheias e logo comecei os preparativos. Fiz várias comidas especiais, um bolo grande e alguns docinhos.

Naquela mesma noite haveria um jogo importante do Vasco contra o Flamengo, e todo mundo ia para o Maracanã. Entre os Novos Baianos, a maioria torcia para esses dois times. Moraes Moreira, Pepeu e Baby eram Flamengo. Paulinho Boca, Galvão, Charles Negrita, Gato Félix e Bola Morais eram Vasco. Na época, Jorginho também era Vasco, mas depois virou Fluminense. Dadi era Botafogo, mas não morava no sítio, e Baxinho não sei para qual time torcia. Eu preferia o Botafogo, mais por causa da linda camisa com a estrela e de alguns jogadores que conhecia e admirava. Não me considerava uma torcedora fervorosa, como eles.

Para assistir aos jogos no Maracanã era preciso alugar uma Kombi — só assim para caber todo mundo e mais algum moleque do pedaço ou talvez algum visitante. O motorista também era convidado a entrar para ver o jogo. No estádio, a turma se dividia e entrava por portões diferentes, cada um ficava do lado da sua torcida.

Depois do jogo, todos se encontravam na Kombi e voltavam para o sítio discutindo passe por passe. Parecia até que haviam assistido a jogos diferentes, pois as interpretações de um mesmo lance eram completamente divergentes e se estendiam por dias seguidos.

Marília Aguiar

O futebol, como já disse, era prioridade, então combinamos de fazer a festa de aniversário depois que eles voltassem.

Eu e a Baby ficamos no Cantinho do Vovô, deitadas na esteira do quarto dela, conversando bem pertinho uma da outra, para não acordar nossas filhas pequenas, Maria e Riroca (que hoje se chama Sarah Sheeva). Tudo já estava pronto, eu não precisava fazer mais nada, só aguardar a volta dos torcedores.

Subitamente, Baby colocou a mão na minha barriga, fechou os olhos por alguns minutos e afirmou com toda a convicção:

— Marilinha, essa criança vai nascer hoje!

Eu tinha certeza de que não. A previsão era dali a umas três semanas no mínimo e, embora eu tivesse feito muito esforço naquele dia, não estava sentindo nada diferente. Disse que era imaginação dela, que nada indicava que isso estava para acontecer.

Continuamos deitadas, agora só com a luz de umas velas, porque tinha começado a chover forte e a energia havia caído, provavelmente também em muitos pontos da cidade.

Enfim, a Kombi chegou, e começamos a festa!

Por volta das cinco da madrugada, já no meu quarto, senti algumas contrações, que foram aumentando gradativamente até ficarem bem fortes. Ainda chovia muito, e a luz não tinha voltado.

Naquele tempo, a região em que morávamos era quase deserta. Só tinha algumas casas, duas vendas, uma escolinha pública e um postinho de gasolina. Perto do sítio não havia hospital nem posto de saúde, e o meu médico só atendia em Botafogo, a trinta quilômetros de distância.

Bastante assustada, fui acordar a Baby.

— E agora, como eu faço, Baby? Como vou de Vargem Grande até o hospital nessas condições? Chovendo tanto, sem telefone e sem carro?

Ela me olhou tranquila e, com ar vitorioso, disse que a Kombi estava me esperando. Baby havia mandado o motorista ficar estacionado escondido, do lado de fora do portão, porque tinha certeza de que o parto seria naquele dia.

Ah, Baby, você realmente me salvou!

Deixei minha filha com ela, entrei na Kombi e saímos correndo. Cheguei no Hospital Samaritano por volta das 6h30, acompanhada por dois amigos jogadores de futebol, que tinham ido à festa e ficado no sítio, o Biribinha (que jogava nos Estados Unidos) e o Adílio.

O hospital também estava sem luz. As enfermeiras ligaram para o dr. Paulo Filgueiras e, ainda no escuro, começaram a me preparar para o parto. A energia elétrica só voltou minutos antes do nascimento do Gil, dia 19 de julho, às 8h05.

Nesse mesmo dia, os Novos Baianos viajaram bem cedo para São Paulo, onde fariam shows, por isso dessa vez ninguém foi ao hospital. Nem Paulinho Boca, o pai.

Minha irmã mais nova, a Maísa, veio de São Paulo para ficar no sítio cuidando da Maria até minha volta.

Quando o dr. Paulo foi me dar alta, expliquei a situação e disse que ainda não sabia como ia pagar o hospital e voltar para casa. Mais uma vez, ele foi inacreditável. Estará para sempre entre as pessoas mais generosas e boas que conheci.

Além de não cobrar os honorários, pagou toda a equipe e até mesmo a minha internação. Fez ainda mais: foi comigo até o berçário, liberou o meu bebê, chamou um táxi e perguntou ao motorista quanto custaria uma corrida até Vargem Grande, o que não era pouca coisa. Pagou o taxista e ainda recomendou que ele dirigisse com cuidado.

O nome do Gil foi escolhido pela irmã. Gilberto Gil esteve algumas vezes no sítio, e Maria se encantou com ele. Ela dizia que se nascesse um menino seria o Gil pequenininho. Achei lindo e ficou assim. Gil só foi registrado em cartório no dia 19 de dezembro de 1973, por uma única razão: o "Jogo da Gratidão", a despedida de Mané Garrincha no Maracanã, entre um combinado de atletas do exterior e jogadores da seleção brasileira, reforçada por Pelé e comandada por Zagallo.

A partida preliminar seria entre times formados por amigos do Garrincha e por artistas, inclusive alguns dos Novos Baianos. Todo mundo queria ir, e eu também. Mas não tinha com quem deixar as crianças. Só se eles fossem comigo!
Resolvi tentar uma autorização formal do Juizado de Menores, mas para isso era imprescindível fazer antes o Registro de Nascimento. Eu precisava agir rápido, o jogo era naquela noite, e eu sabia que iria encarar muita burocracia, cartório, documentos, essas coisas que passavam bem longe da nossa vida.
Chamamos a Kombi e fomos todos para a cidade. Lá chegando, alguns desceram logo no portão de entrada do Maracanã. Eu, as crianças, Paulinho Boca, Baby e Pepeu fomos primeiro para o cartório. Eles dois seriam nossas testemunhas no ato. Tivemos que ouvir um sermão do juiz pela demora no registro, mas saímos com o documento.
Baby, Pepeu e Paulinho não quiseram arriscar perder o jogo e foram direto para o Maracanã. Eu corri com as crianças até o Juizado de Menores para batalhar pela tal autorização. Sem isso, nada de jogo para mim. Aguardei tensa na fila de espera, afinal já estava quase na hora de começar a preliminar.
Finalmente, o juiz me ouviu e liberou. Saí de lá com um documento carimbado e assinado que autorizava a entrada das crianças comigo em qualquer lugar onde fosse necessário. Ainda guardo essa relíquia, que foi muito útil para liberar a entrada das crianças em shows e nos trios elétricos de Carnaval.
Depois de tanta batalha, consegui chegar ao Maracanã minutos antes do início do jogo. Já estava com a autorização na mão, mas fui barrada no portão de entrada. O segurança nunca tinha visto um documento assim e chamou o supervisor, que demorou a acreditar e acatar a ordem judicial para que um bebê de apenas seis meses entrasse no estádio.
Mas valeu! Foi até bem divertido provar a eles que eu estava coberta pela lei.

Ex.mo Sr. Dr. Juiz de Menores do Estado da Guanabara

Autorizo a permanência dos menores Maria e Gil nos locais onde se exiba sua mãe, Marí- lia de Aguiar, do conjunto "Novos Baianos". Quando tiverem mais idade, deverão ficar em ca[sa]
Rio, 19-dez-73

Nome do requerente MARILIA DE AGUIAR

Endereço EST. BANDEIRANTES 20.160 Local JACAREPAGUÁ

Estado civil SOLTEIRA

Nome do menor e idade MARIA AGUIAR OLIVEIRA, nascida em 3/5/71, GIL AGUIAR OLIVEIRA, nascido em 19/7/73, filhos de Paulo Roberto Figueiredo Oliveira e da requerente.

Fazendo parte do conjunto "NOVOS BAHIANOS", tendo que comparecer a diversos espetáculos, e como, por suas idades, não tendo com quem deixar meus filhos, sendo que GIL está sendo amamentado por mim, solicito a V.Exa. que meus filhos possam me acompanhar aos espetáculos, esclarecendo que os mesmos permanecerão em local compatível com suas idades.

Rio, 19 de dezembro de 1973.

~~Comissário~~

Assinatura do requerente *Marília de Aguiar*

NOSSA TENDA NO APARTAMENTO. BOLA E BABY, MARILINHA, BOCA E BUCHINHA, GALVÃO, BAIANINHA, JOE, BAXO, JORGINHO E GATO. DENTRO DO ARMÁRIO, NO QUARTO DO GALVÃO, MARILHONA, MOREIRA, DADI E PEPEU (Foto: Reprodução)

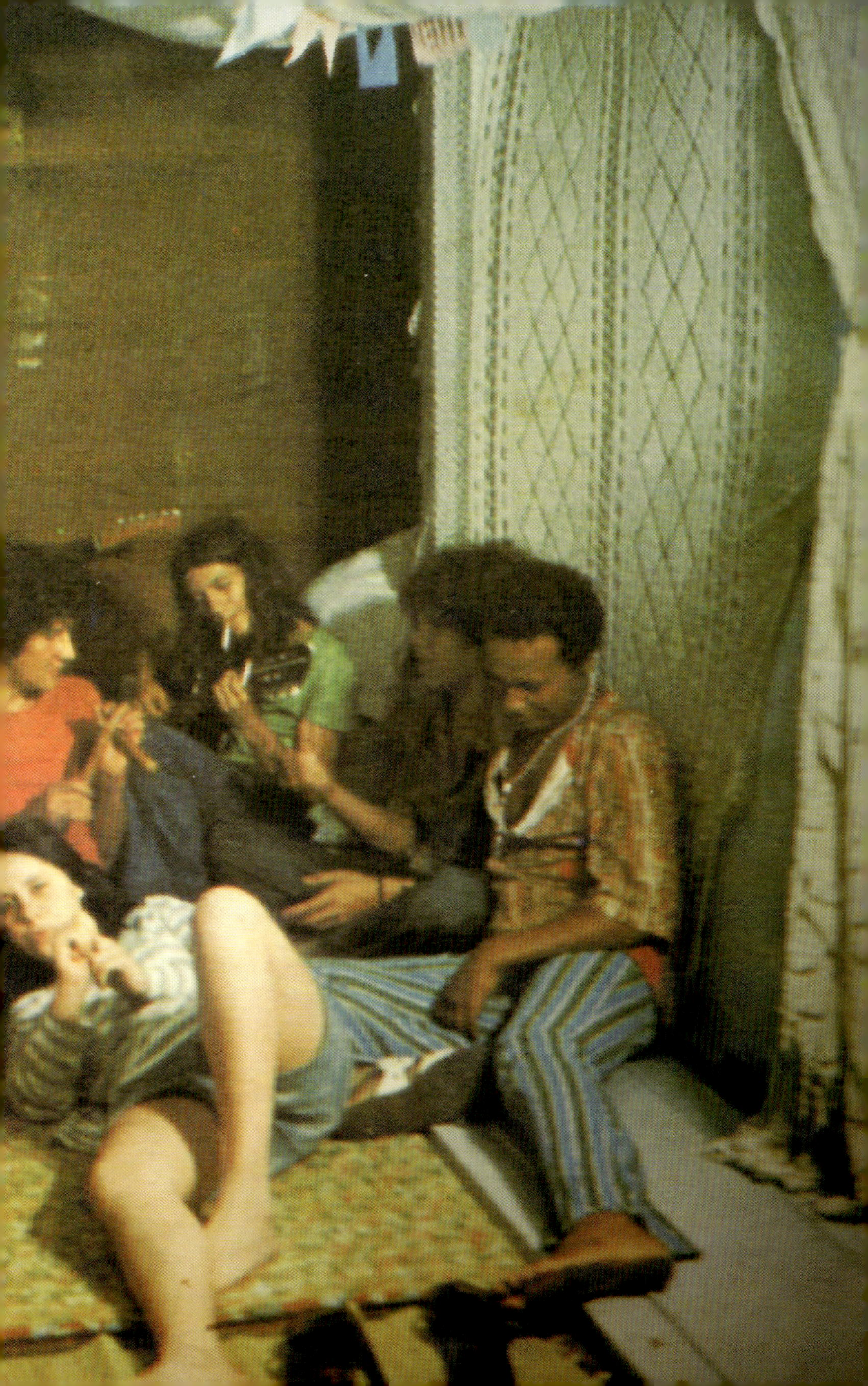

CIÇA, RIROCA E AS MARÍLIAS (Foto: Acervo pessoal)

BOCA, BUCHINHA E O ARMÁRIO IMPROVISADO (Foto: Acervo pessoal)

MORAES E PAULINHO BOCA
(Foto: Acervo pessoal)

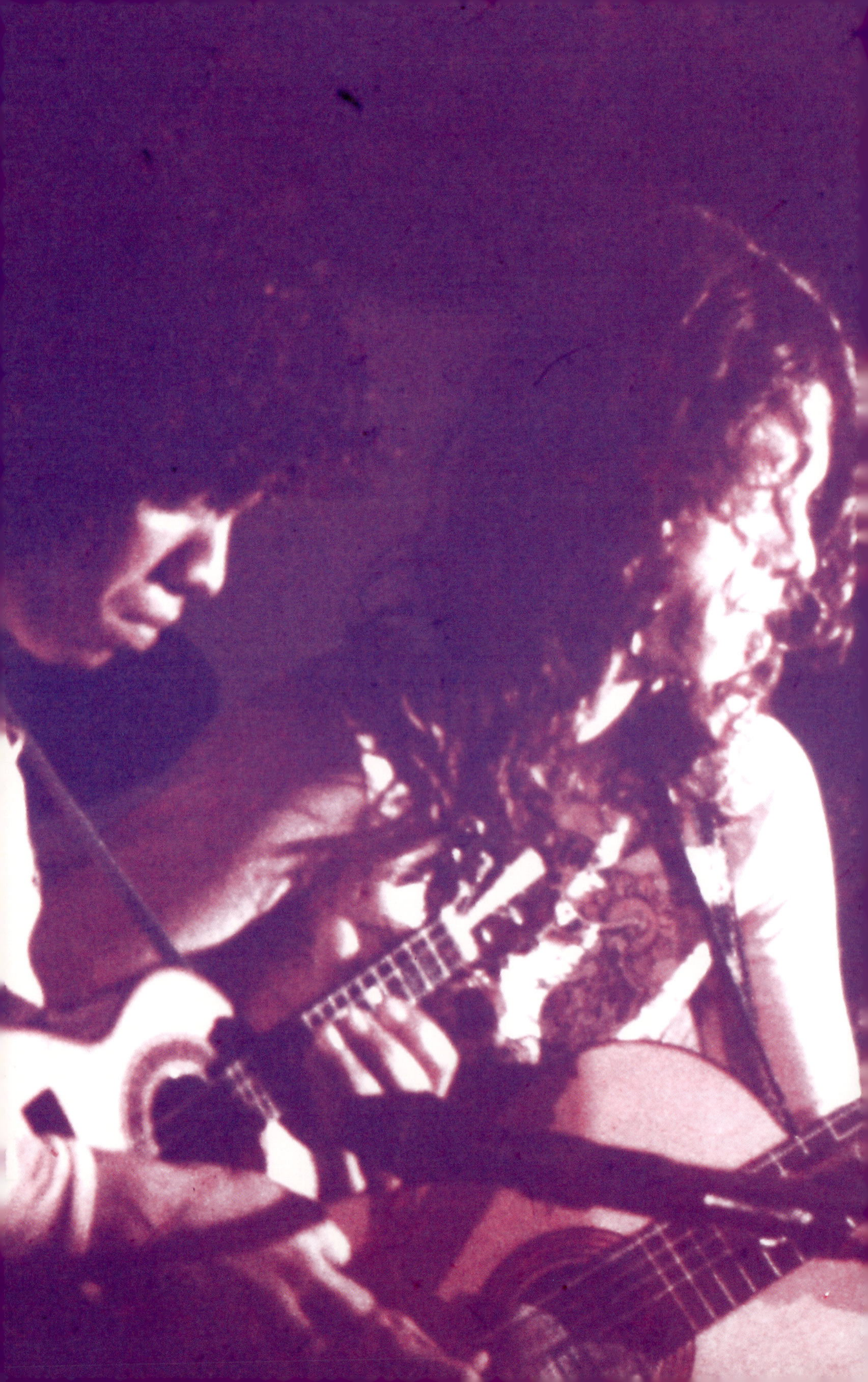

JORGINHO, DADI, PEPEU E MOREIRA (Foto: Acervo pessoal)

MARIA E O DODGE DART (Foto: Acervo pessoal)

O PRIMEIRO TRIO ELÉTRICO NOVOS BAIANOS, SUBINDO A LADEIRA DA MONTANHA, PARA TOCAR NA PRAÇA CASTRO ALVES (Foto: Maísa Aguiar)

NO TRIO ELÉTRICO, BABY E JORGINHO
(Foto: Acervo pessoal)

GALVÃO E BOCA NO APARTAMENTO DE BOTAFOGO
(Foto: Acervo pessoal)

BABY CONSUELO NO CHUVEIRÃO DO QUINTAL
(Foto: Mario Luiz Thompson)

SOM NO CANTINHO DO VOVÔ - BOLA, BAXO, PEPEU, BOCA, DADI, JORGINHO E MORAES
(Foto: Mario Luiz Thompson)

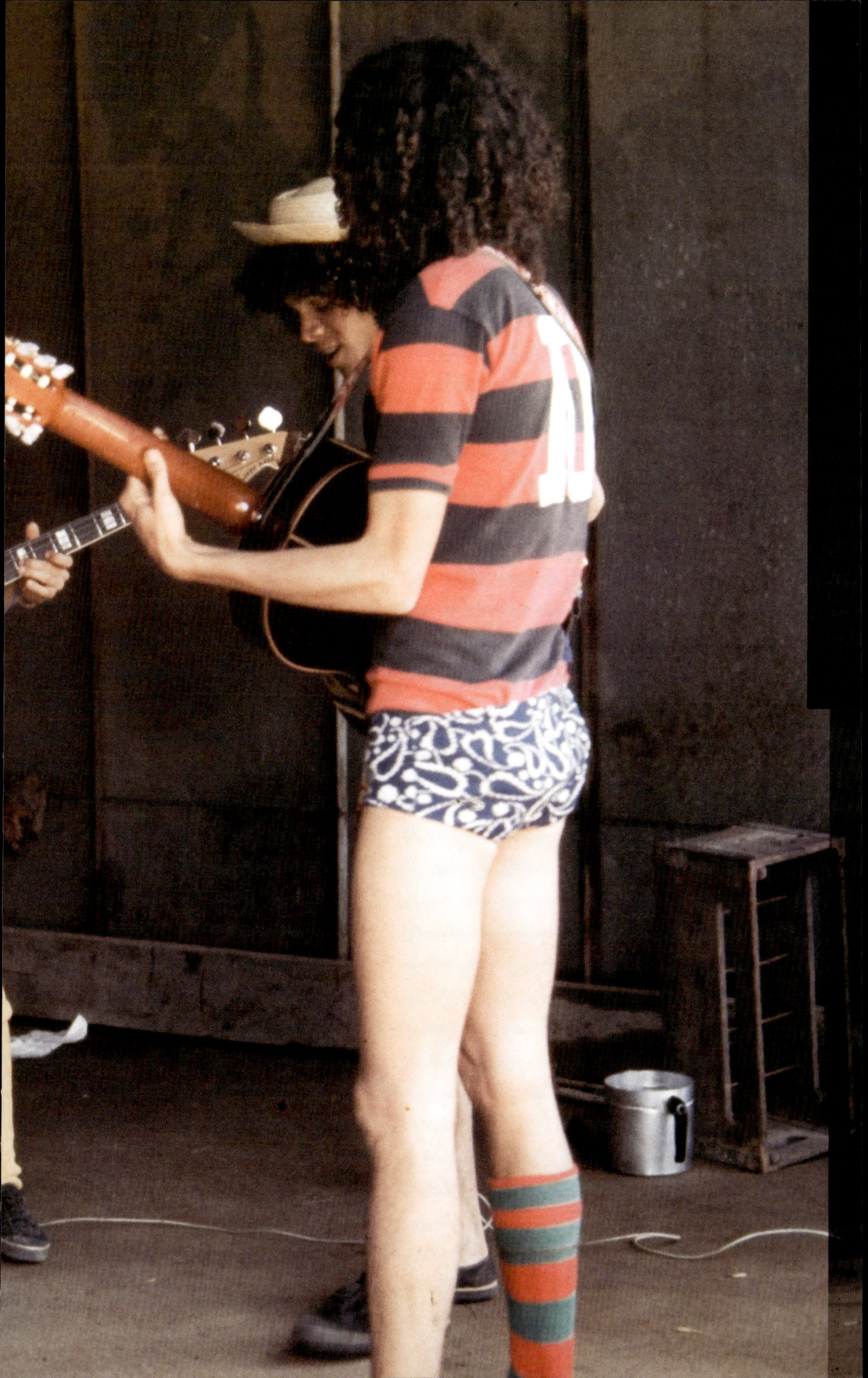

MORAES E MARILHONA (Foto: Acervo pessoal)

NO CANTINHO DO VOVÔ, GIL E AS POMBAS
(Foto: Acervo pessoal)

BABY, BOCA E DIDI (Foto: Reprodução)

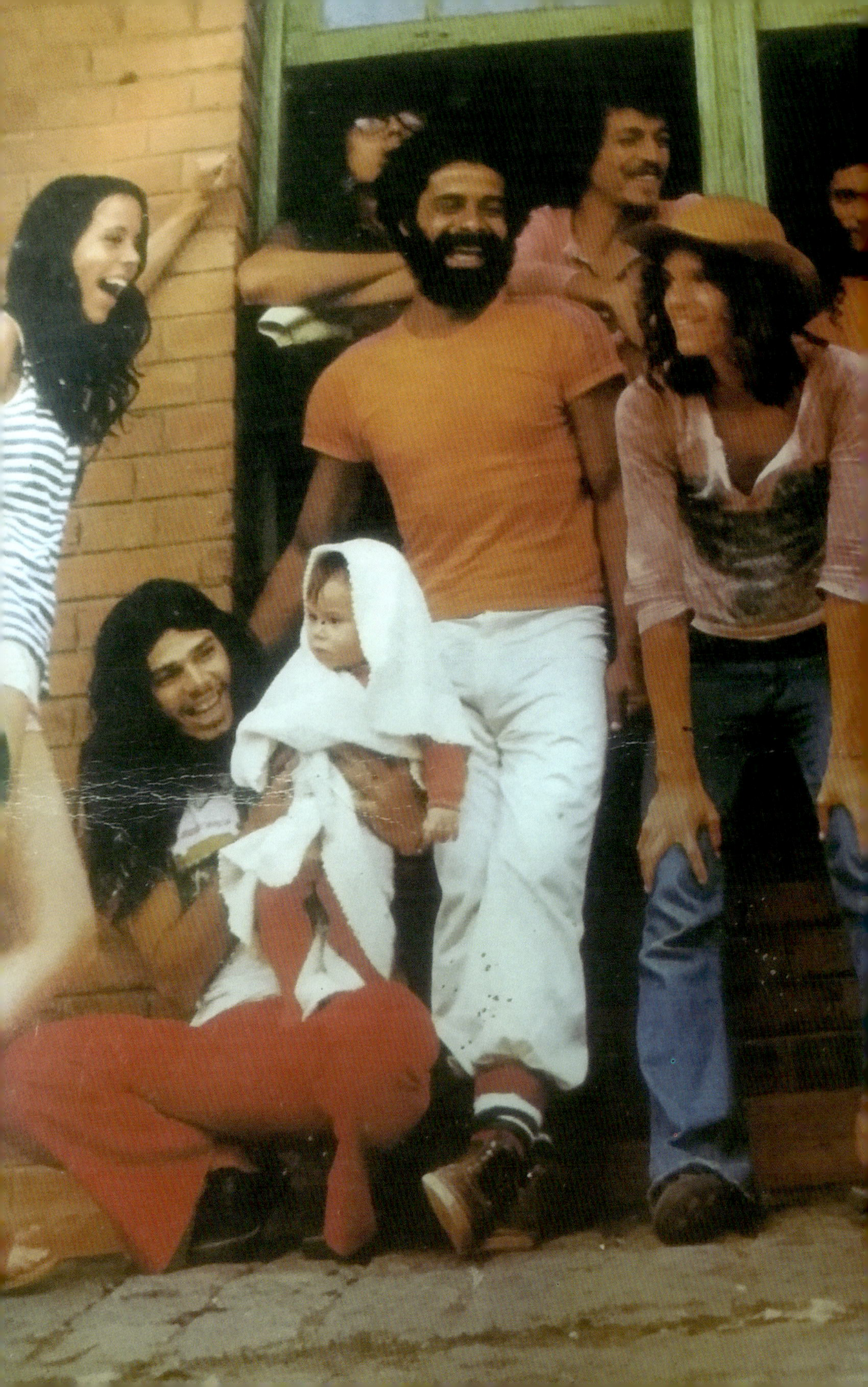

NÓS EM 1973, NO SÍTIO DO BYINGTON
(Foto: Reprodução)

PEPEU GOMES E SUA GUIBANDO
(GUITARRA E BANDOLIM,
PROJETADA PELO SALOMÃO)
(Foto: Mario Luiz Thompson)

BABY, BOCA, BAXO E BOLA
(Foto: Acervo pessoal)

BABY CONSUELO (Foto: Acervo pessoal)
ABAIXO, CAPA DO PRIMERO COMPACTO, AINDA
SEM BABY E PEPEU

NOVOS BAHIANOS

PRAGA DE BAIANO
NOVOS BAIANOS

NOVOS BAIANOS
CAIA NA ESTRADA E PERIGAS VER

ENCARTE DO LP *CAIA NA ESTRADA E PERIGAS VER*. AO LADO, CAPAS DOS LPS *PRAGA DE BAIANO* E *CAIA NA ESTRADA E PERIGAS VER*

BABA NO CAMPINHO DO SITIO - DADI, PEPEU E O CARRO DO BOLA À ESQUERDA (Foto: Acervo pessoal). ACIMA, ENCARTE DO LP *NOVOS BAIANOS F.C.* - GOLEIRO, NEGRITA, JORGINHO, EVANDRO MESQUITA, JOÃO LOUREIRO, FELIPÃO, BAXOTE, GATO FÉLIX, MORAES MOREIRA, LUIZ GALVÃO, PAULINHO BOCA E PEPEU. AO LADO, CAPA DO LP *NOVOS BAIANOS F.C.* E A PRIMEIRA CAMISA OFICIAL DO NBFC (Foto: Acervo pessoal)

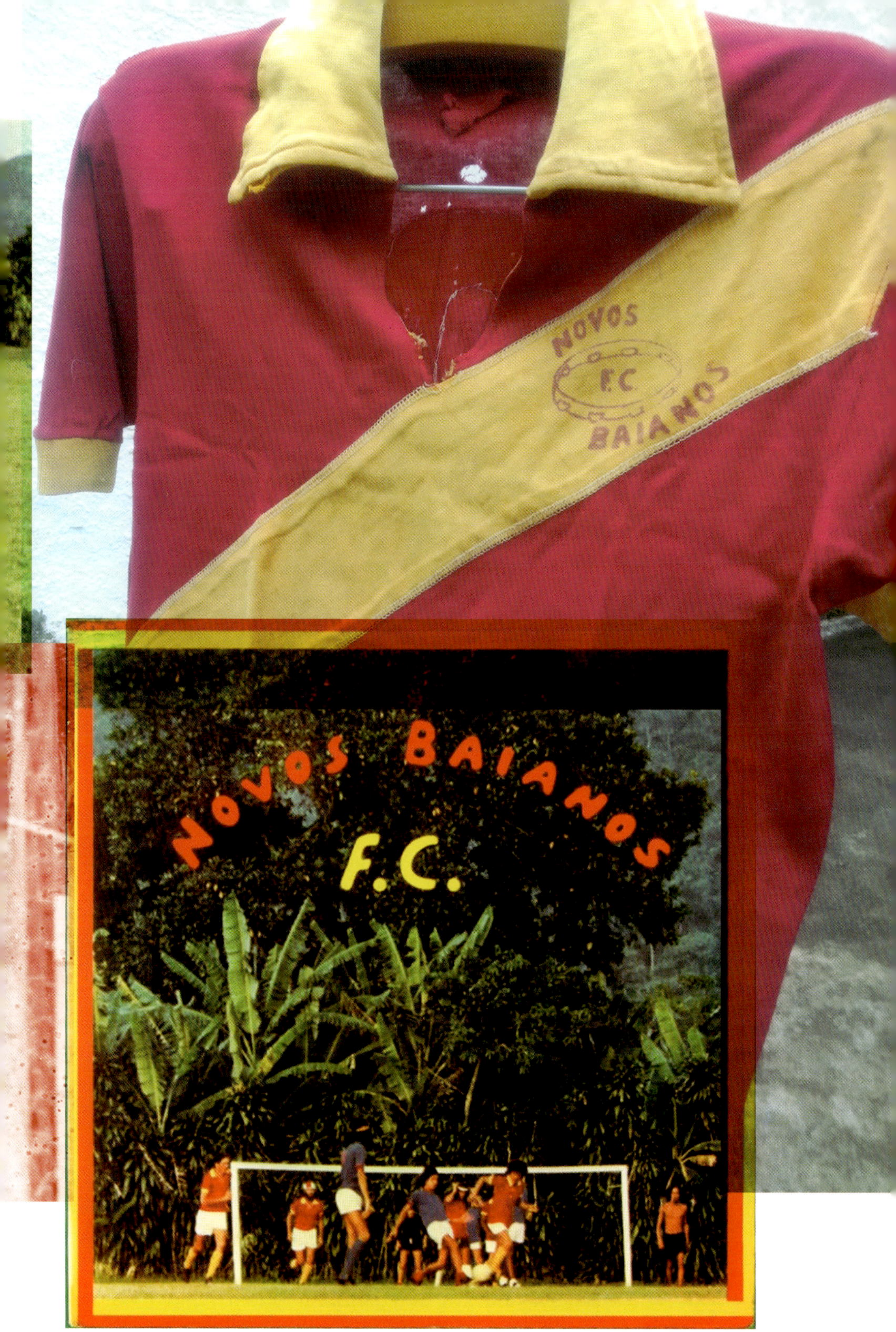
NOVOS
F.C
BAIANOS
NOVOS BAIANOS
F.C.

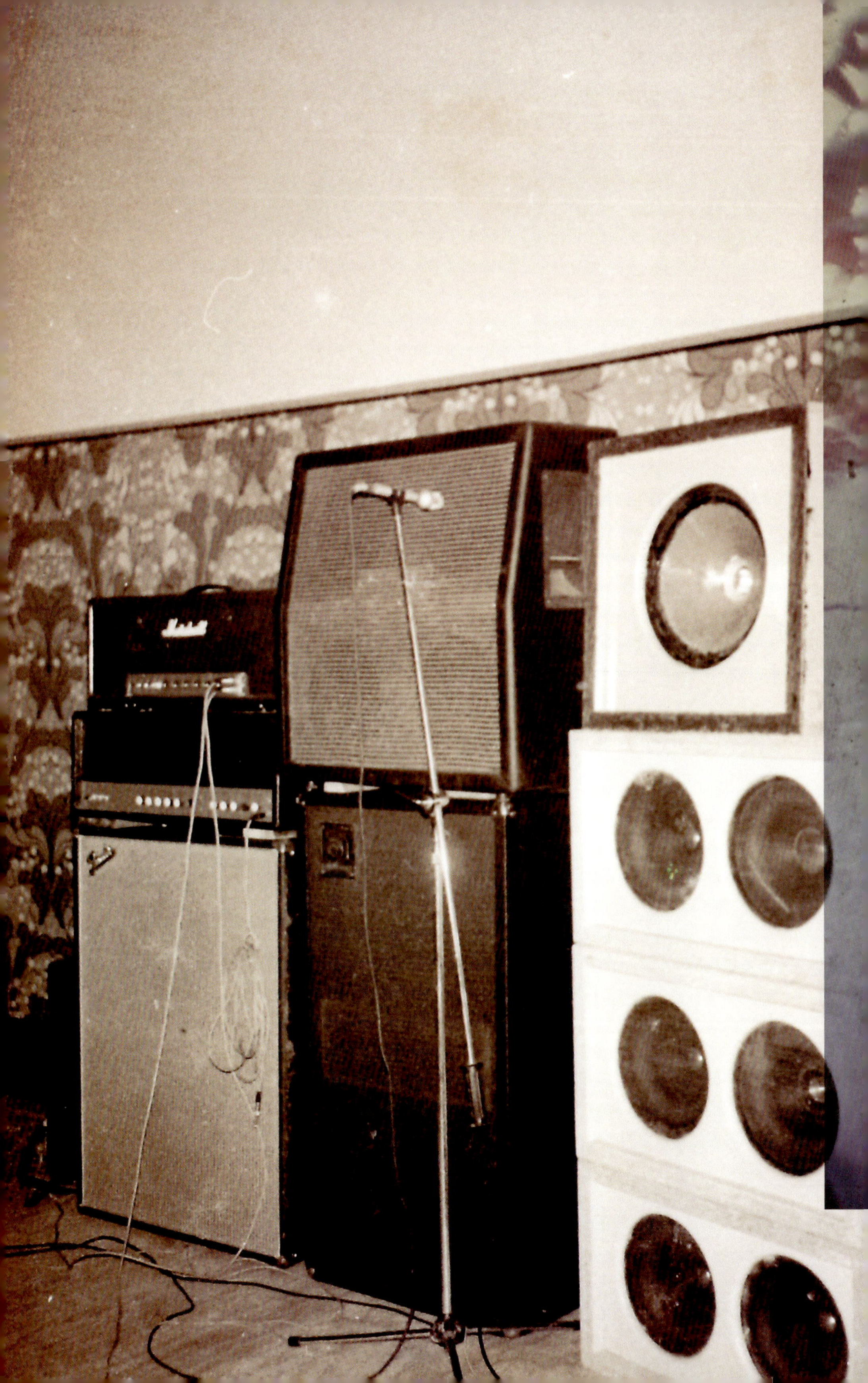

O NOSSO ARMÁRIO DE LOUÇAS NO CANTINHO DO VOVÔ E,
AO LADO, OS AMPLIFICADORES (Fotos: Acervo pessoal)

CAPAS DOS LPS *FAROL DA BARRA* E *VAMOS PRO MUNDO*. ACIMA, A DO COMPACTO *NOVOS BAHIANOS + BABY CONSUELO NO FINAL DO JUÍZO*

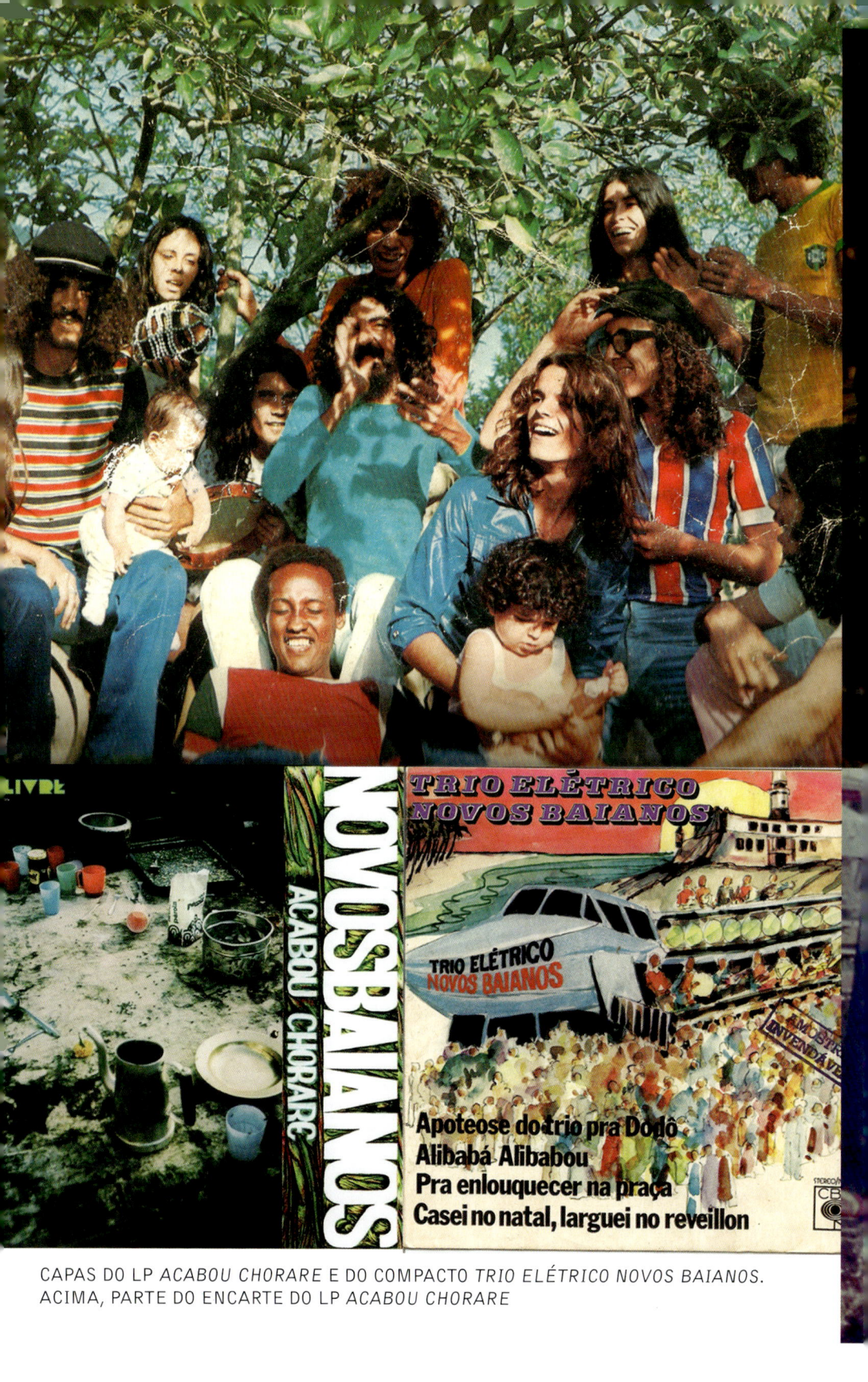

CAPAS DO LP *ACABOU CHORARE* E DO COMPACTO *TRIO ELÉTRICO NOVOS BAIANOS*. ACIMA, PARTE DO ENCARTE DO LP *ACABOU CHORARE*

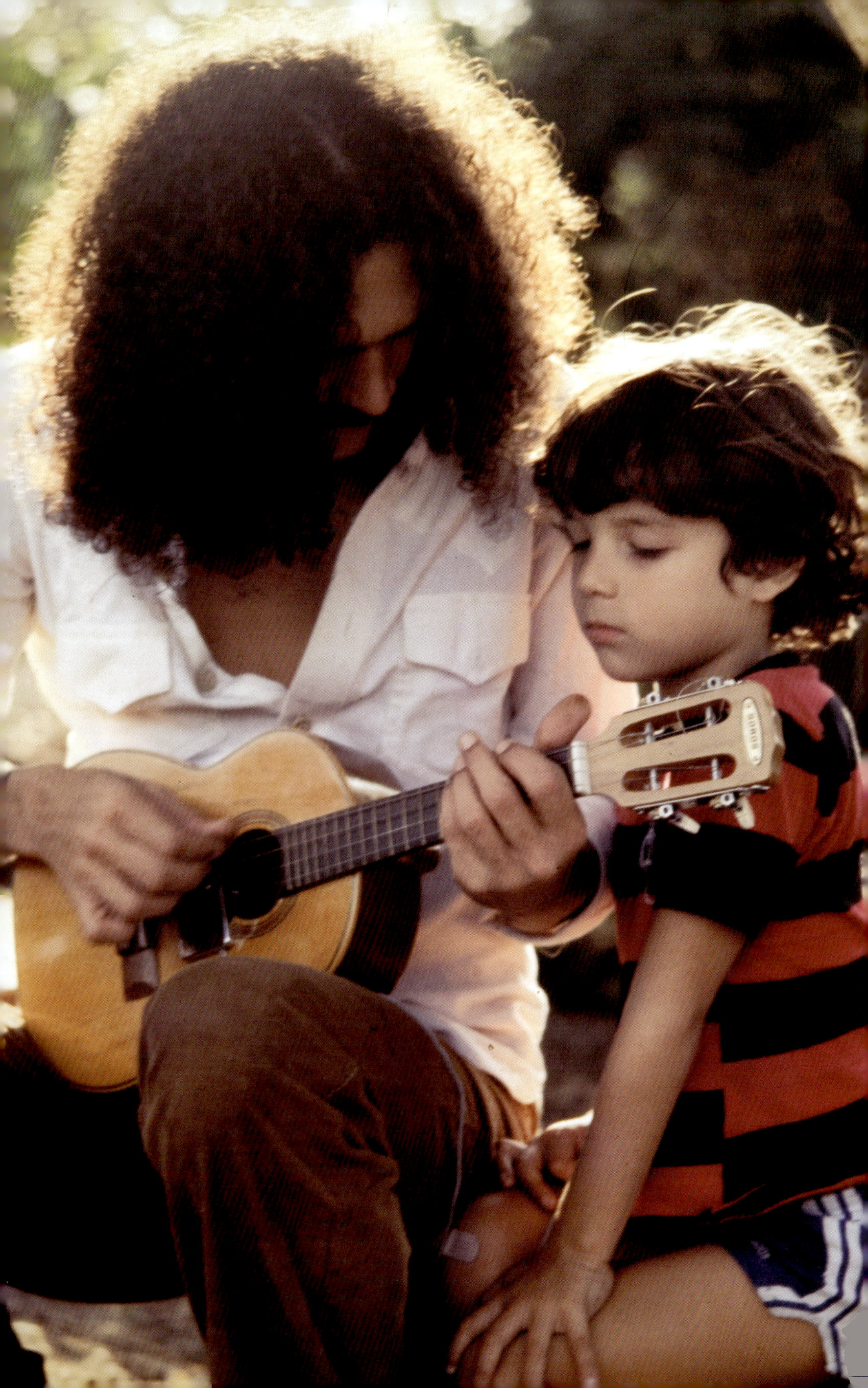

MORAES MOREIRA E SEU FILHO DAVI
(Fotos: Mario Luiz Thompson)

ACIMA, ENCARTE DO LP VAMOS PRO MUNDO E, ABAIXO, CONTRACAPA DO LP FAROL DA BARRA

CAPAS DOS LPS *FERRO NA BONECA* E *NOVOS BAIANOS*

MARILINHA E MARIA
(Foto: Mario Luiz Thompson)

CONTRA A LUZ NÃO HÁ ARGUMENTOS, DÓI OS OLHOS

FINALMENTE A PORRADA DO VERÃO

NOVOS BAIANOS

| DIA 7 | FEVEREIRO
SEXTA - FEIRA
PRÉ - CARNAVAL | HORAS 21 |

INGRESSOS ANTECIPADOS NA BILHETERIA
— Cr$ 15,00 —

CAMPO DA GRAÇA

MEU BEIJO PRA VOCÊ É MAIS PUXADO

KEITH, ENCOSTA JUNTO DE MIM
MEU BEIJO PRA VOCÊ É MAIS PUXADO
EU COM MEU CABELO ENCARACOLADO

Keith (Moraes e Galvão, Inédita, 1969)

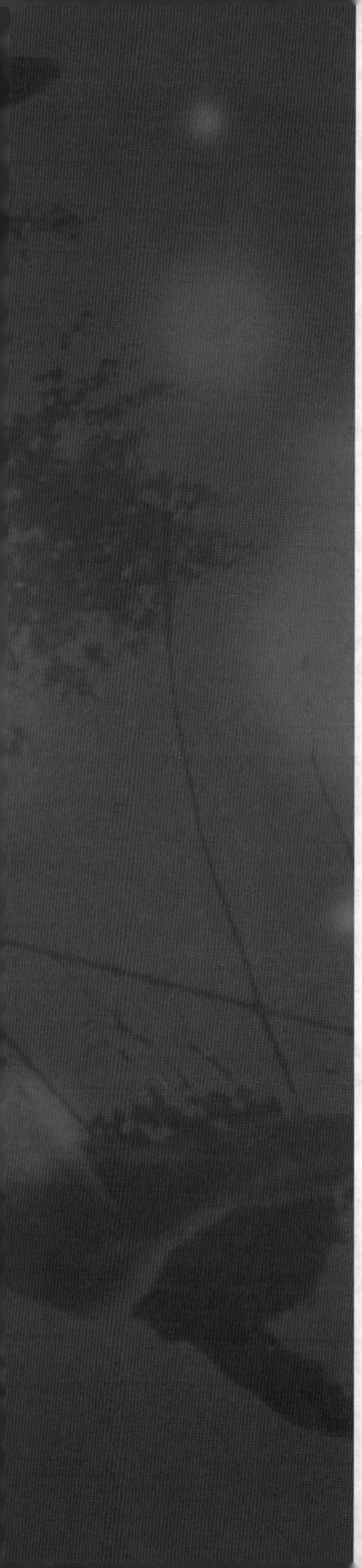

meu beijo pra você é mais puxado

Até dezembro de 1969 eu nunca havia experimentado alguma coisa considerada droga. Não era prática usual entre mim e meus amigos, gente envolvida com teatro e com os movimentos estudantis que estavam em ebulição naquela época. Quando fui morar com os baianos no Hotel Danúbio, sentia até certa vergonha da minha caretice.
Era tão normal e habitual todos fumarem maconha que acabei entrando na roda. Aprendi inclusive vários rituais que acompanhavam esse costume. Por exemplo, tampar as frestas das janelas e portas com toalhas para evitar o alastramento do cheiro pelos corredores. Ou borrifar desodorante no ambiente para disfarçar, embora isso às vezes amplificasse o efeito. Aprendi também a "rodar na paulista" (dar um pega, uma tragada e passar o baseado adiante).
Certa noite, eu e Baby ficamos sozinhas no hotel e experimentamos mescalina, uma droga mexicana rara e poderosa que começava a aparecer no mercado. Foi assustador. De repente, os prédios da rua pareciam entrar pela janela e vir em nossa direção! Ficamos abraçadas num canto, imaginando o pior cenário, talvez até morrermos soterradas.
Não sei dizer quanto tempo ficamos nessa condição, mas para nossa sorte a chegada dos meninos nos trouxe de volta à realidade e acabou com aquele delírio.
Na época, o movimento hippie começava a crescer no Brasil, e aquela turma de artistas cabeludos e irreverentes despertava muita curiosidade. Os intelectuais paulistanos tinham expectativas sobre essa nova geração de artistas baianos. A maioria acreditava que havia um posicionamento político no discurso, nas letras, nas atitudes, no comportamento, e que, assim como fizeram os artistas que vieram um pouco antes, a intenção primordial seria protestar contra a ditadura em vigor no país desde 1964. Eles não sabiam que o mais importante, para essa nova geração de músicos era viver sem compromissos. A regra era *nascer de novo a cada dia*, ou seja, estar aberto a todo tipo de experiência.

Nunca vou me esquecer de um episódio engraçadíssimo que aconteceu quando fomos convidados por um psiquiatra famoso para jantar em sua enorme casa no bairro do Sumaré.

Estavam lá também vários intelectuais, muitos deles ansiosos para saber o que pensavam os baianos e as pessoas que conviviam com eles. Ouviram muitas músicas, mas as conversas não renderam o esperado.

No final da noite, a dona da casa nos presenteou com uma mala lotada de roupas usadas. Caríssimas e caretíssimas. Levamos tudo para o hotel, pensando no que fazer com aquilo, já que não seriam usadas por nenhum de nós.

Alguns dias depois, o mesmo casal nos convidou para outro encontro na casa deles. Galvão se lembrou das roupas doadas pela mulher do psiquiatra e escolheu uma para colocar naquela noite. Para surpresa geral, ele entrou na sala da casa usando um vestido longo que tinha pertencido a ela, como se fosse uma camisa presa na cintura. Nós rimos muito. Só nós; o casal não conseguiu disfarçar o espanto e o desconforto que a cena provocou.

Já no final de 1970, quando sofremos perseguição do delegado Gutemberg Oliveira na Bahia, que culminou com a detenção de alguns de nós, recebemos várias mensagens de apoio de professores da USP e intelectuais de São Paulo se dispondo a ajudar no que fosse preciso.

As notícias da prisão chegaram truncadas e deram a entender que a motivação tinha sido política. Mas na verdade foi tudo por causa do comportamento e das atitudes fora do comum: homens de cabelos compridos, vestindo roupas esquisitas e fumando maconha. O delegado baiano, que inclusive teria sido integrante do "esquadrão da morte", acreditava que esses eram motivos suficientes para botar os Novos Baianos na cadeia.

Acho que fomos uma decepção para os intelectuais da esquerda paulistana.

Moraes Moreira, Paulinho Boca e eu aproveitávamos a falta de luz elétrica lá em Arembepe, onde nos refugiamos, para

meu beijo pra você é mais puxado

apertar nossos baseados e fumar deitados na areia fina, olhando o céu e tentando adivinhar as mensagens escritas pelas nuvens. Elas formavam palavras, até frases inteiras, que ficávamos decifrando por horas e horas. Pareciam ser recados divinos para nós. Quem duvidaria?

Uma noite vimos até o Jimi Hendrix por lá, fazendo xixi atrás de um coqueiro, embora ele tivesse morrido pouco tempo antes.

Experiências estranhas eram muito comuns em nossa vida na época. Algumas aconteceram no apartamento de Botafogo. Ali o uso de LSD se tornou frequente, em diferentes formatos, individualmente ou em grupo. A droga era oferecida também às visitas, como qualquer família normal oferecia café com bolo. A gente deixava os ácidos já cortados em pedacinhos para quem quisesse tomar. Embora a maioria das viagens resultasse em muito som e risadas, algumas não foram nada boas. Pelo contrário.

Com a sensibilidade exacerbada e sugestionados pelas ilustrações bíblicas, víamos até amigos próximos tentando disfarçar os pés e o rabo idênticos aos do Diabo. Era estarrecedor.

É impressionante constatar a quantidade de pessoas *loucas*, ou melhor, fora dos padrões considerados normais, que vieram para perto de nós. E também as tantas outras que enlouqueceram depois de conviver com a gente. Algumas surtaram e nunca mais foram as mesmas, não voltaram a si, como dizíamos.

Um deles, um garoto classe média da zona sul do Rio, vinha rezar ajoelhado aos pés da minha filha Buchinha, convicto de que ela era o menino Jesus. Outro, um músico bem conhecido na Bahia, passava os dias completamente nu, enrolado apenas num lençol, andando pelo nosso apartamento. Quando cruzava com alguém, fazia sinais, levantando e abaixando o dedo indicador, sem dizer uma palavra sequer.

Na temporada do Teatro Casa Grande em 1971, em todos os shows víamos a mesma garota na primeira fila, na boca do palco. Era alegre, boa pessoa, parecia tranquila. Um dia, foi nos visitar no apartamento, se fez necessária e foi ficando. Dela só sabíamos que tinha vindo da Bahia, mais nada. Por isso, ganhou o apelido de Baianinha.

Amorosa e prestativa, nós todos aprendemos a gostar muito dela. Uma foto da Baianinha até ilustrou a capa do programa distribuído nos shows com a ficha técnica e o repertório. Um dia, a simpática e prestativa garota se transformou totalmente. Nunca descobrimos se alguém deu a ela ou se resolveu sozinha experimentar alguma droga. No início falava uma língua estranha, que ninguém entendia, de modo bem agressivo. Parecia estar incorporada. Na sequência, foi arrancando compulsivamente os tacos do piso da sala do apartamento. Por fim, não conseguia mais ficar vestida, só nua. Aí, a barra pesou. Era urgente resolver essa questão antes que os vizinhos do prédio chamassem a polícia. Ficou decidido que no dia em que estivesse mais calma, o Gato Félix embarcaria com ela para Salvador, encontraria pistas da família, entregaria a garota e pronto! Esse dia chegou. Eles foram para a rodoviária Novo Rio, passagens compradas, ônibus da Viação São Geraldo já na plataforma. Enquanto desciam a rampa de embarque, Baianinha surtou. Arrancou a roupa, gritou que não conhecia o Gato Félix, fez um escândalo tão grande que os dois acabaram na delegacia. Sorte que tínhamos um amigo advogado, Técio Lins e Silva, que resolveu a situação.

Foram muitas as duras que levamos da polícia em vários lugares por onde andamos, todas péssimas e constrangedoras. Não havia o menor respeito, nem pelas crianças. Chegaram a arrancar os braços das bonecas das nossas filhas, procurando alguma droga.

Mas sempre havia uma maneira criativa de garantir os baseados. Já morando no Cantinho do Vovô, quando ouvíamos uma sirene de ambulância, todos corríamos para abrir o portão. Era um enfermeiro amigo e dono de uma boca de fumo trazendo a erva mais pura, transportada dessa maneira para não chamar a atenção da polícia.

meu beijo pra você é mais puxado

O fumo era dividido em duas porções, colocadas em bacias diferentes para receberem os devidos "tratamentos" aplicados pelo Charles Negrita. Uma delas era deixada embaixo do pé de carambola todas as noites, para pegar sereno. Na outra porção, Charles soprava um pouco de mel e deixava secar até ficar pronta pro consumo.

Toda vez que algum dos Novos Baianos foi detido, amizades duvidosas foram feitas dentro das prisões. Uma delas foi com Joe, o boliviano, que ficou na mesma cela de Galvão, Pepeu e os outros na delegacia de Salvador, no final de 1970.

Dois anos depois, Galvão e Felipão, empresário do grupo na época, conheceram Osvaldão, China e Zé Açougueiro num presídio do Rio de Janeiro. Só gente da pesada! Como sabiam nosso endereço, quando saíram da prisão vieram direto para nossa casa. Osvaldão até virou goleiro do Novos Baianos Futebol Clube!

Nas inúmeras festas no sítio com nossos amigos, jogadores profissionais de futebol e artistas famosos dividiram o espaço com bandidos.

Tudo junto e misturado!

Eu não gostava da proximidade dos assaltantes com nossas crianças nem do comportamento abusivo que eventualmente mostravam ter com minhas amigas. Até me esforçava para pôr em prática o mandamento, então bastante difundido entre nós, que diz que é preciso amar igualmente todas as pessoas.

Não deu pra mim.

ARGUMENTOS DE QUERER

FAÇA COMO EU QUE VOU COMO ESTOU,
PORQUE SÓ O QUE PODE ACONTECER...
É OS PINGO DA CHUVA ME MOLHAR

Os Pingo da Chuva (Moraes, Pepeu e Galvão)

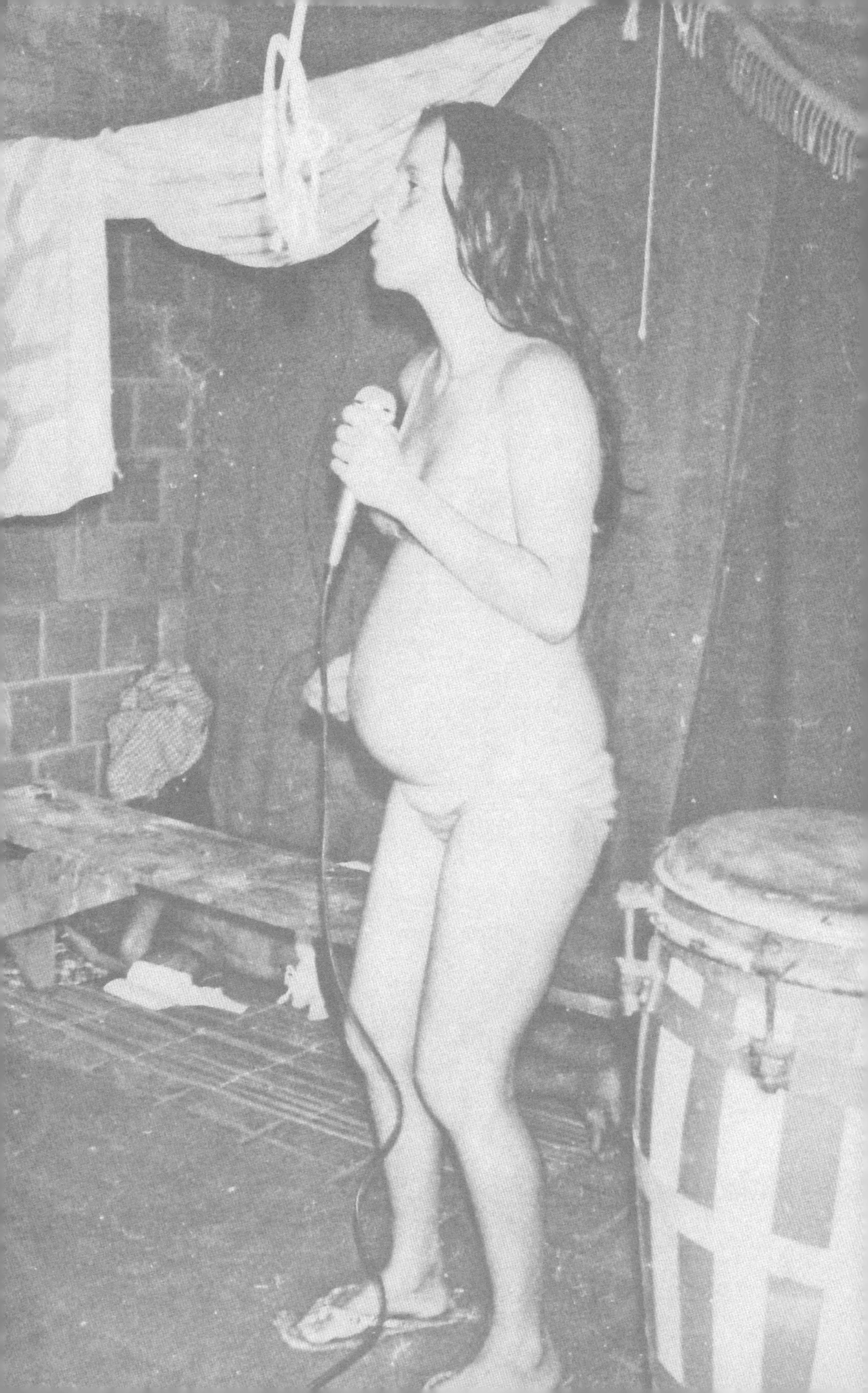

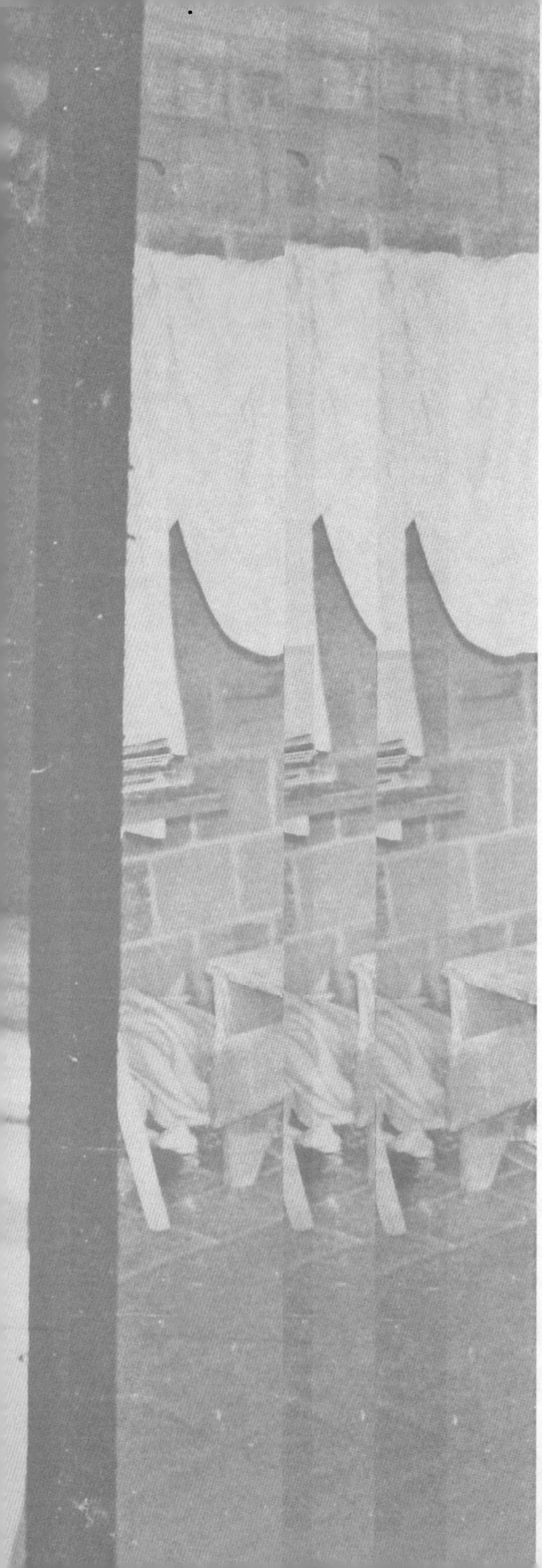

argumentos de querer

Filhos não eram planejados nem evitados entre os Novos Baianos. A gente achava que tudo deveria ser natural. Se viesse um filho, ótimo, veio porque tinha que vir e seria muito amado por todos. Se não viesse, também estava bom, porque ninguém criara expectativas.

Se viria um menino ou uma menina? Só iríamos descobrir quando a criança nascesse. Saber antes o sexo não estava entre as coisas que eram importantes para nós.

Gravidez não era doença, portanto, nada mudava na nossa vida quando estávamos grávidas. Fazíamos todas as coisas, normalmente, até a hora do parto. Viagens, trabalhos, shows, tudo continuava no mesmo ritmo. Baby, então, até uns passes de futebol arriscava, mesmo estando com barrigão. Também íamos muito à praia, para pegar sol deitadas de bruços. Era só cavar um buraco na areia, encaixar a barriga e pronto.

Nossas primeiras crianças nasceram de parto normal. Algumas em datas muito próximas. Riroca, filha de Baby e Pepeu, é de 10 de fevereiro de 1973; Davi, de Marilhona e Moraes Moreira, de 16 de junho de 1973; e o Gil, meu e de Paulinho Boca, nasceu em 19 de julho de 1973. Se algum deles ficasse com fome e a mãe estivesse longe, a mais próxima amamentava o filho da outra. Como nossas crianças iam junto para shows e a todos os lugares, existia uma espécie de "parceria de peito".

Nossos filhos se amam de verdade e sempre se trataram como irmãos (e isso inclui, é claro, algumas brigas também).

Em 1974, quando a Baby ficou grávida pela segunda vez, várias pessoas falavam sobre o parto humanizado criado pelo médico obstetra francês dr. Frédérick Leboyer. Era feito da maneira mais natural possível, na água e sem anestesia. Baby se encantou com o método e decidiu que seu próximo bebê nasceria dessa maneira.

Procuramos informações sobre possíveis médicos que praticassem esse tipo de parto no Brasil, mas constatamos que ainda era raro. Só que a Baby não desiste quando quer alguma coisa. Essa é uma das suas inúmeras qualidades.

Depois de pesquisar, insistentemente, alguém recomendou a ela o dr. Cláudio Basbaum, um obstetra novo, com consultório em São Paulo, que estava introduzindo o método Leboyer no Brasil. Pensamos que talvez ele pudesse indicar um colega no Rio, mas ainda não tínhamos nem o contato dele.

No final de março de 1975, os Novos Baianos iam participar de alguns programas de TV e rádio em São Paulo. Cogitou-se adiar ou cancelar todos os compromissos, porque a Baby já estava no final da gravidez, e as companhias aéreas não permitiriam que ela embarcasse.

Como sua barriga não estava tão grande assim, podia passar por sete meses de gestação, data-limite para grávidas viajarem de avião. Ela convenceu Pepeu e todos nós de que nada aconteceria por esses dias e foi para São Paulo, já pensando em procurar o tal médico.

Ainda não havia Google, internet nem celular, portanto, a pesquisa seria feita pela lista telefônica, item presente nos quartos de todos os hotéis (assim como a Bíblia!).

Saindo do aeroporto de Congonhas, os Novos Baianos foram direto para um estúdio de TV e só chegaram ao hotel tarde da noite. De madrugada Baby sentiu as primeiras contrações, mas preferiu não acordar ninguém, nem mesmo o Pepeu. Ligou para a recepção, contou o que estava sentindo e pediu que localizassem com urgência o tal dr. Cláudio Basbaum.

Quando a telefonista transferiu a ligação para o apartamento, Baby se apresentou ao médico, disse que estava em São Paulo a trabalho, que procurava por ele havia tempos porque queria ter o bebê por meio do Método Leboyer, e que as contrações já estavam regulares e cada vez mais fortes. Precisava dele naquele instante!

A princípio o dr. Cláudio Basbaum não acreditou em nada. Que história louca! Justamente no dia 1.º de abril?

Ele achou que era mentira, um trote clássico dessa data, mas, na dúvida, mandou Baby ir para o Hospital São Luiz.

argumentos de querer

Dr. Cláudio permaneceu em casa esperando a enfermeira de plantão ligar confirmando a história e a internação, e só então correu para o hospital.

Baby e o médico se conheceram na sala de parto, poucos minutos antes da Zabelê nascer, dia 1.º de abril de 1975.

A vida ao lado da Baby é sempre assim, surpreendente e divertida. Ela é a melhor amiga que alguém pode ter. Moramos juntas durante anos muito intensos de nossa vida. Aprendemos e dividimos experiências únicas, e meu amor e respeito por ela serão eternos.

NAS PESSOAS QUE EU MAIS GOSTO NINGUÉM MANDA

EU SÓ MANDO NA MINHA PESSOA
E NAS PESSOAS QUE EU MAIS GOSTO
NINGUÉM MANDA NÃO

Psiu (Moraes e Galvão)

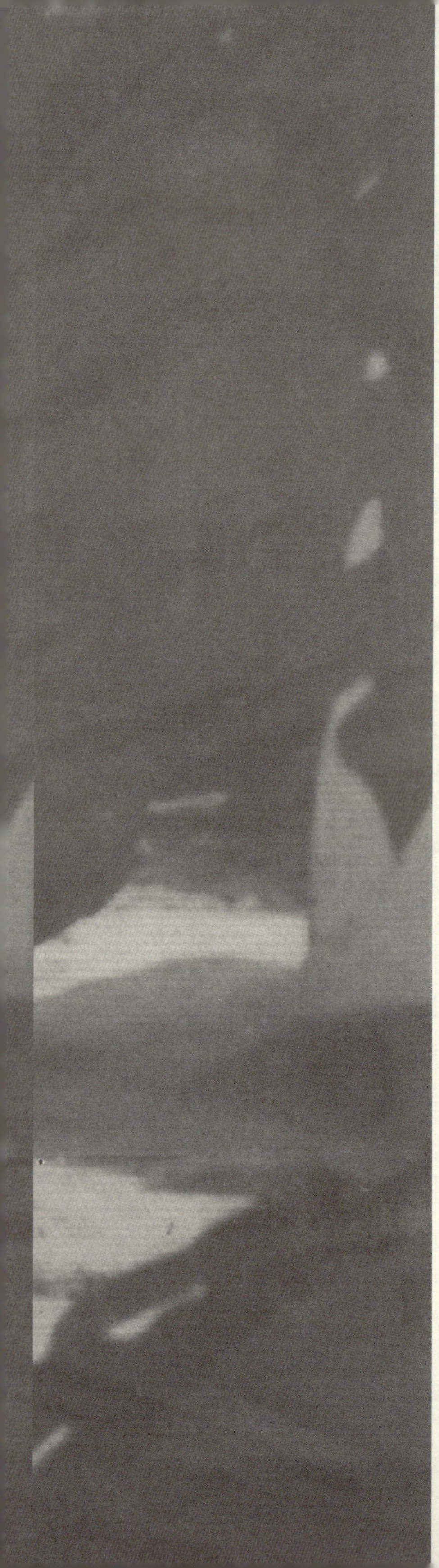

nas pessoas que eu mais gosto ninguém manda

A mãe de um de nós, que vou chamar simplesmente de "a Mãe", foi uma das pessoas mais generosas e criativas que já existiu. Ela não media esforços nem as consequências quando queria ajudar ou deixar bem as pessoas que amava. Era uma força da natureza, muito inteligente e cativante, convencia qualquer um a fazer o que ela queria.

Apaixonada por sua cria, fazia loucuras para estar por perto e assim acabou amando muitos de nós. Entendia nossas escolhas e não tentava modificar nada. As eventuais críticas que fazia ao nosso modo de vida eram carregadas de bom humor.

Nunca foi preconceituosa e convivia bem com todo tipo de gente. Entre todas as nossas mães, só ela esteve sempre presente na vida de todos, durante o tempo em que moramos juntos e até mesmo depois.

Conhecendo de perto as nossas dificuldades, quando vinha nos visitar chegava carregada de compras, inclusive muitas latas de leite em pó, que eram logo escondidas. Isso porque nas madrugadas a larica chegava com força total, e o pessoal atacava a geladeira, devorando o que encontrasse pela frente. De nada adiantava lacrar com fita-crepe e rotular pedindo que poupassem o leite das crianças. Só mesmo escondendo as latas nos nossos quartos que eu e Baby conseguíamos salvar algumas.

Quando estava sem dinheiro, a Mãe procedia da mesma maneira e "pendurava" a conta nos armazéns da Estrada dos Bandeirantes, próximos de casa. A gente só descobria o rombo tempos depois, quando apareciam para nos cobrar.

Em muitos Natais ela chegou ao sítio dirigindo, sem carteira de motorista, um carro lotado até o teto com todos os seus cristais, louças, panelas, toalhas de linho e faqueiro. Dizia que sem essas coisas não seria um Natal de verdade. Trazia também presentes iguais para todas as crianças, não fazendo distinção entre elas.

A Mãe amava cozinhar pra gente e ficava feliz apenas com nossos elogios. Nessa data, então, ela fazia um verdadeiro banquete, lembrando as preferências culinárias de cada um e se esforçando para atender a todos.

Ela não estranhava nem criticava aquele monte de amigos nossos, que de tão chapados nem chegavam perto da farta mesa natalina que ela nos oferecia.

Fazia questão de que todo mundo assistisse com ela, antes da ceia, à Missa do Galo, transmitida pela TV que ficava no salão, o quarto dos solteiros. E a gente obedecia. Era uma cena engraçadíssima aquele bando de malucos, compenetrados, quietos e travados, assistindo à missa. Inesquecível!

Em uma das nossas idas ao Carnaval da Bahia, resolvemos deixar as coisas mais importantes guardadas no sítio de um amigo que morava lá perto, o Geraldinho. Isso porque íamos ficar o verão todo em Salvador e não tínhamos como trancar o Cantinho do Vovô. Deixamos lá também o Dodge Dart vinho, que estava no nome do Dadi. O carro não poderia ficar parado e abandonado no sítio por tanto tempo.

A Mãe sabia disso tudo e conhecia o sítio onde morava nosso amigo.

Alguns dias depois de viajarmos ela vendeu o Dodge para duas pessoas diferentes. Inventou algum pretexto para não entregar o carro imediatamente para nenhum dos dois, falsificou a assinatura do Dadi, recebeu os pagamentos e voltou para sua casa, que ficava fora do Rio de Janeiro.

Sem saber o que havia acontecido, recebemos na Bahia a ligação de um dos irmãos do Dadi, dizendo que a polícia estava na casa deles em Ipanema, com uma intimação para o dono do carro, que estava sendo acusado de estelionato. O pai do Dadi ficou furioso e até passou mal com a situação. Foi um sufoco esclarecer a questão.

Em outra ocasião, A Mãe estava precisando muito de dinheiro e teve uma ideia ainda mais surreal. Entrou numa joalheria famosa do Rio de Janeiro e, com um discurso bem articulado, inventou que os Novos Baianos iam gravar um programa especial numa importante emissora de TV, ao lado de uma famosa cantora brasileira. Afirmando fazer parte da equipe de produção, solicitou algumas joias emprestadas em troca dos créditos na ficha técnica do programa. Convenceu o gerente da joalheria e saiu levando as peças que escolheu. De lá foi direto empenhar todas na Caixa Econômica. Para completar o estrago, ainda vendeu a cautela! E não contou nada para ninguém.

Dias depois, estranhando a demora na devolução das peças emprestadas, o gerente da joalheria procurou a TV e descobriu que não havia especial algum planejado e que a emissora não tinha autorizado ninguém a solicitar as joias. Ele apresentou queixa na delegacia.

Nessa época já estávamos morando em São Paulo e havia tempos não víamos A Mãe.

Voltamos ao Rio de Janeiro num final de semana para fazer um show, e o contratante não conseguiu quitar o cachê combinado. Ele, então, se dispôs a pagar algumas diárias no Hotel Novo Mundo, no Flamengo. Nós aceitamos e nos instalamos em cinco quartos, com instrumentos, bagagem e filhos.

Certa noite, o recepcionista ligou avisando que a polícia estava subindo. Entramos em pânico! Foi a maior correria para lembrar rapidamente de todos os lugares onde poderia haver maconha entocada, jogar tudo nas privadas e dar muita descarga para nos livrarmos do flagrante antes que batessem na nossa porta.

Os policiais chegaram e não revistaram nada nem ninguém. Estavam procurando A Mãe, para ser intimada e assumir a denúncia da joalheria. O delegado responsável pelo inquérito soube que estávamos hospedados nesse hotel e concluiu que através de nós descobriria o paradeiro dela. Precisamos chamar um advogado para solucionar o caso e fazer um acordo parcelando o pagamento da dívida.

Depois que a polícia foi embora sentimos um misto de alívio e consternação. Não tinha sobrado nem um baseado!

ENQUANTO EU SOU O MEU CORPO
ENQUANTO CISCO OS PÉS NO FOGO
OU ENQUANTO RISCO ARRISCO OLHO AO CORTE

Globo da Morte (Moraes e Galvão)

PRA ONDE PENDE O MEU CORPO

Viver em comunidade no Cantinho do Vovô era o melhor dos mundos para muitos de nós, mas não para todos. Havia regras explícitas ou veladas, questionamentos e até mesmo reprovação de comportamentos e atitudes.

Assim como acontece em qualquer família tradicional, nós também convivemos com o detestável costume de julgar, rotular e tentar impor convicções. Todas as pessoas, moradoras do sítio ou não, e tudo o que faziam acabavam recebendo o crivo de "careta", "por fora" ou "o quente".

Ter uma empregada ou uma babá, nem pensar. Era careta.

Abrir conta em banco? Coisa de careta.

Dar autorização para uma música entrar na trilha sonora de alguma novela? Não podia. Novela estava por fora.

Não querer dividir as roupas e outras coisas pessoais com todo mundo? Supercareta.

Deixar os filhos pequenos na casa da mãe, para curtir uma praia com outros amigos? Por fora.

Colocar nossas crianças na escola? Ainda estava cedo para decidir, mas parecia bem careta!

Cumprir algum compromisso marcado pela gravadora, em horário que fosse atrapalhar o futebol diário? Não dava mesmo, o quente era jogar bola.

Diversas vezes foram ditas palavras homofóbicas e ocorreram atitudes bem machistas entre os Novos Baianos, vindas da parte de alguns, mas com a cumplicidade de outros. Apelidos e risinhos irônicos eram comuns nas conversas sobre a sexualidade das pessoas.

Certa vez, chegaram a interromper abruptamente um show que estavam fazendo na Concha Acústica do Teatro Castro Alves, em Salvador, porque se incomodaram com os trejeitos afeminados de um argentino que dançava bem próximo do palco e contagiava a plateia com sua alegre performance. A cena foi bem desagradável e gerou críticas negativas no meio artístico.

Coisas despropositadas e imprevisíveis para quem pregava viver com liberdade e amor.

pra onde pende o meu corpo

Quando nos mudamos para o sítio, em abril de 1972, as Vargens (Grande e Pequena) ainda eram lugares de difícil acesso. Ir para a Zona Sul do Rio era uma aventura, havia pouco transporte, era longe, e o caminho, deserto.

Vivemos um bom tempo sem água encanada, precisando ligar a bomba e puxar do poço. Lavar roupas, então, exigia paciência, uma boa logística e espírito aventureiro. O jeito mais divertido era amarrar um balde com o sabão e as roupas sujas no carrinho das crianças, levar mamadeiras, frutas e uns baseados, andar uns dois quilômetros até uma cachoeirinha na estrada da Boca do Mato e passar a tarde toda por lá lavando as roupas. Na volta só precisava estender nas cordas e esperar secar.

Eu e a Baby fizemos muitas vezes esse caminho com nossas crianças. Naquele tempo a gente morava mesmo na roça!

Não havia uma divisão clara das tarefas domésticas nem cobranças para que fossem feitas. Cada um cuidava do seu pedaço, e a limpeza das partes comuns ficava esperando alguém que estivesse a fim de fazer. Uma vez que o conforto e a segurança das crianças eram prioridade, as mães se adiantavam e acabavam trabalhando mais.

O banheiro do sítio só recebia uma boa faxina em dia de jogo do Vasco ou do Flamengo. Aí os homens faziam um esforço, como uma penitência, para dar sorte e ajudar o time a vencer. Mas com tanta gente circulando por ali, a limpeza quase sempre deixava a desejar.

Quando vinham ao sítio acompanhar os eventuais namorados, as meninas da Zona Sul do Rio de Janeiro demonstravam claramente todo o nojo e desprezo que sentiam por aquele jeito de viver. Acho que também percebiam nosso tom crítico ao seu comportamento, considerado fútil. Éramos mesmo muito diferentes!

Apesar das constantes visitas que recebíamos, principalmente para disputar o "baba" diário, nós vivíamos bastante isolados, mas os dias nunca eram monótonos.

Aparentemente, estava tudo bem, só que não para todo mundo. A Marilhona, mulher do Moraes Moreira, não estava feliz morando no sítio. Filha única, criada no Leblon, sentia falta de alguns confortos e da liberdade para viver da maneira que queria. Cada vez que ia à casa dos pais ela demorava mais para voltar. Até que resolveu ir embora de vez, levando os filhos: Ciça, com três anos, e Davi, com dois.

Moraes Moreira compreendia as razões dela e deu todo o apoio, mas ficou triste e dividido. Passava alguns dias com eles no Leblon e outros no sítio.

A gravação do LP *Vamos Pro Mundo* estava terminando, e essa era a prioridade de todos naquele momento. Galvão, além de autor das letras, era quem fazia o roteiro e dirigia os shows. Ele até ouvia sugestões, mas raramente aceitava interferências. Suas ideias e decisões eram, geralmente, acatadas por todos, quase sempre sem questionamentos.

Moraes Moreira era o compositor principal, fazia as melodias e os arranjos. Mas estava começando a compor sozinho, escrevendo também as letras de algumas canções, tais como "Sempre Cantando", "Chuva no brejo", "Nesse Mar Nessa Ilha". Esta última, uma verdadeira declaração de amor à sua mulher. Ele introduziu algumas dessas novas composições nos shows, de improviso, alterando o roteiro pré-definido, e Galvão não gostou.

O clima já estava tenso havia tempos, devido aos afastamentos frequentes do Moreira por dias seguidos. Galvão marcou então uma reunião com a presença de todos para decidirmos sobre uma proposta feita pelo Moraes Moreira para continuar com os Novos Baianos. Ele não queria deixar o grupo, muito menos a mulher e os filhos. Os Novos Baianos pagariam o aluguel de um apartamento na Zona Sul para ele morar com a família e, em troca, ele iria todos os dias para o sítio.

A reunião aconteceu no quarto da frente do sobrado, com todo mundo sentado no chão formando um círculo. Aquela solução não foi aceita pela maioria. Vivíamos duros, mas a falta de dinheiro para pagar os dois aluguéis nem pesou na discussão. Era obrigatório que ele continuasse morando, definitivamente, no Cantinho do Vovô.

Pressionado, Moreira foi embora. Foi um dia extremamente triste, cheio de mágoas e ressentimentos.

O último show com a participação dele foi no Aterro do Flamengo, em 1975. Em seguida Pepeu foi designado o novo diretor musical. Todas as músicas que já tinham sido gravadas pelo Moraes para o LP *Vamos Pro Mundo* foram refeitas.

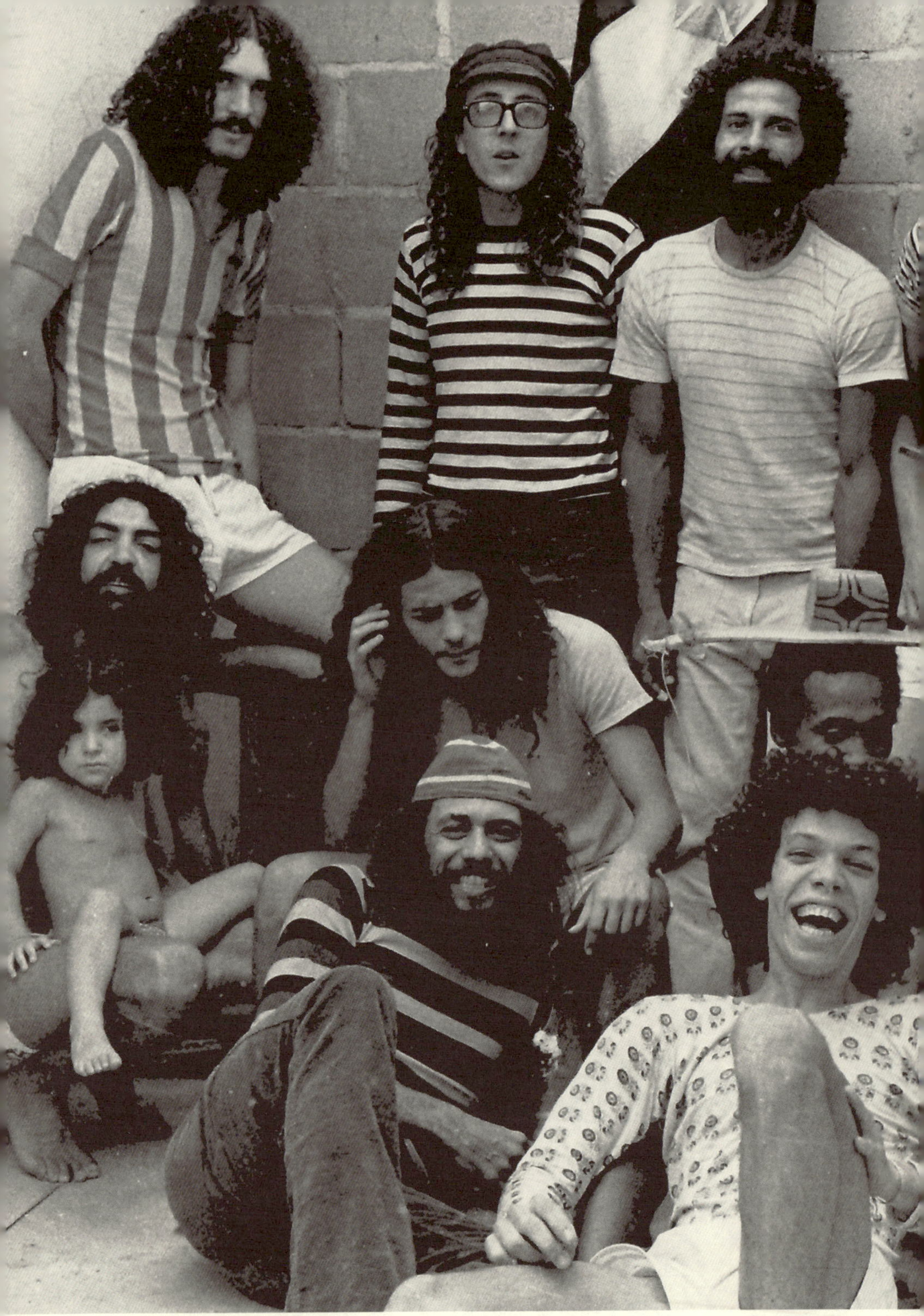

CANTINHO DO VOVÔ EM 1973 - MOREIRA, BOLA, NEGRITA, GALVÃO, DADI, BABY COM RIROCA, MARILINHA, BOCA COM BUCHINHA, BAXOTE, GATO, PEPEU, GRILO, FELIPÃO E JORGINHO (Foto: Reprodução)

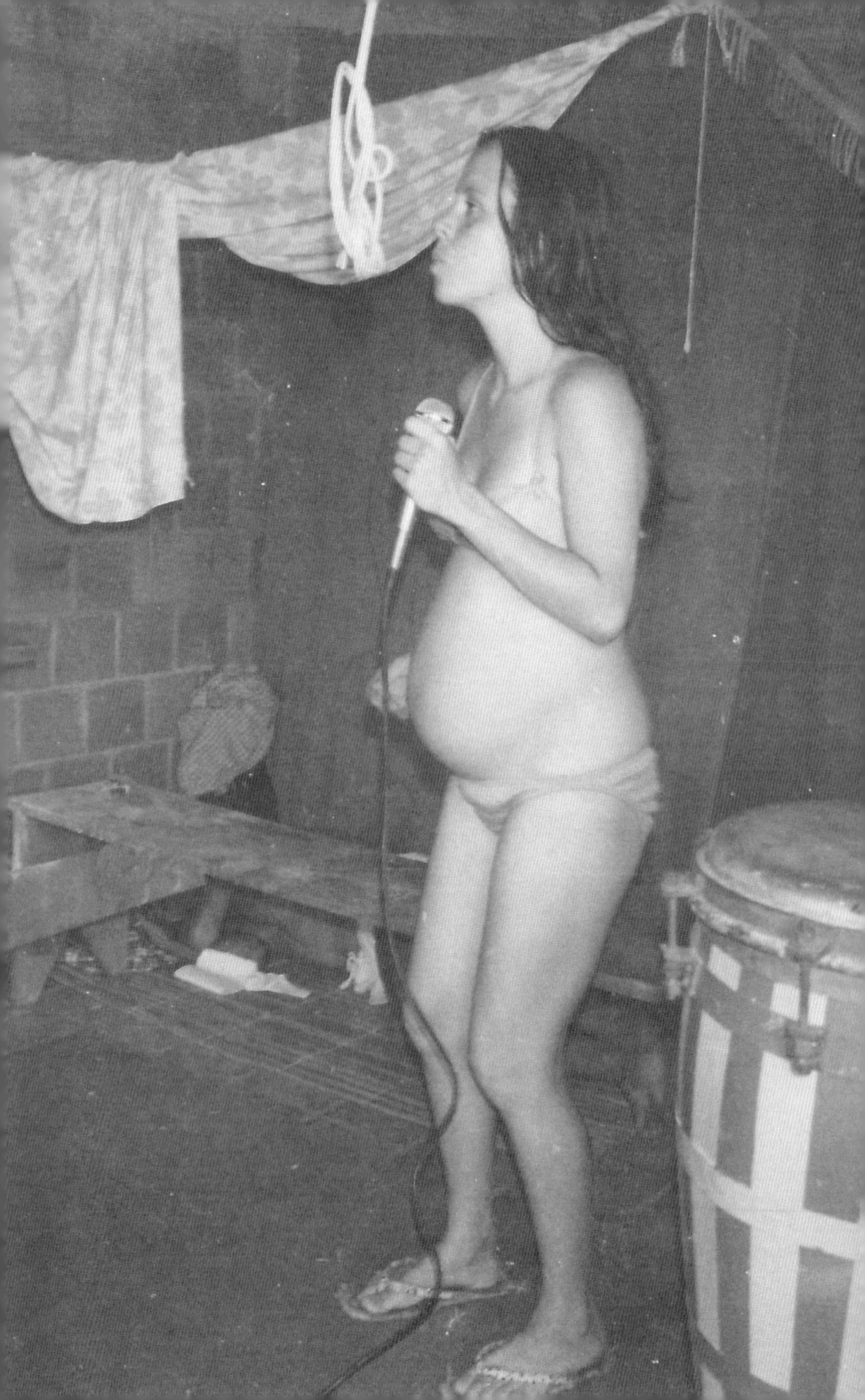

GATO FÉLIX, MORAES, PAULINHO BOCA E GALVÃO.
AO LADO, BABY ENSAIANDO (Fotos: Acervo pessoal)

CANTINHO DO VOVÔ - ACIMA, AFONSINHO, BABY E RIROCA, PEPEU, GATO E BOCA. ABAIXO, MOREIRA E BOCA (Fotos: Reprodução)

BABY E RIROCA - FEVEREIRO DE 1973 (Foto: Reprodução)

BOCA, MARIA, BABY, MORAES E GALVÃO (Foto: Reprodução)

CANTINHO DO VOVÔ - PERTO DO FIM (Foto: Reprodução)

BABY, GRILO, PEPEU, MARILINHA, DADI, GALVÃO (Foto: Reprodução)

DADI (Foto: Acervo pessoal)

CANTINHO DO VOVÔ - PAULINHO BOCA, MARIA E MARILINHA (Foto: Reprodução)

RIROCA, BOLA E GIL (Foto: Acervo pessoal)

CIÇA, PEPEU, BUCHINHA E MARILHONA
(Foto: Acervo pessoal)

DADI, BOLA, GATO, BABY, GALVÃO, PEPEU E BOCA
(Foto: Acervo do Arquivo Nacional)

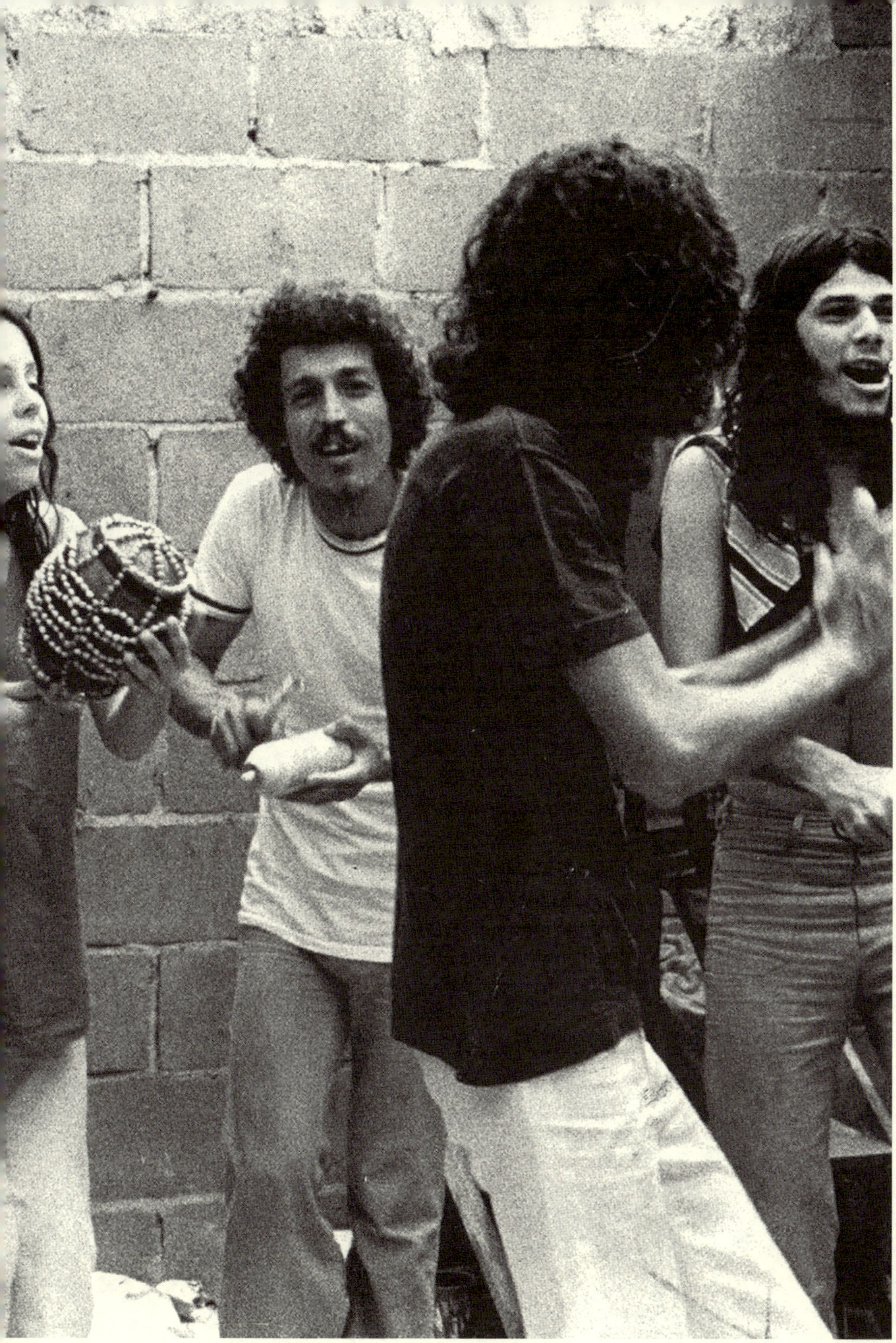

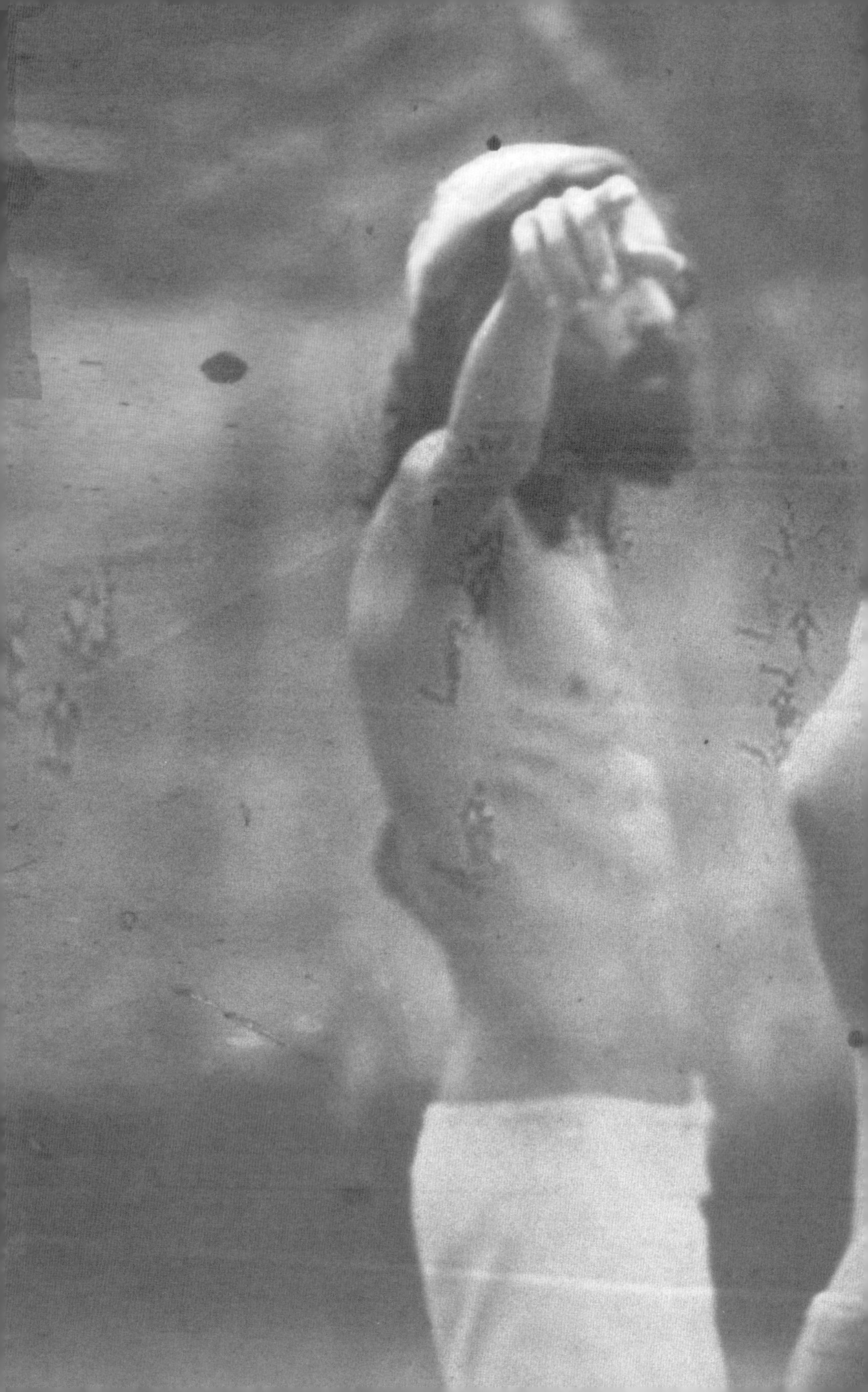

ESSE ONZE AÍ

ESSES ONZE AÍ, ESSE ONZE AÍ
VEM DO JOGO DE RUA, NA BOLA DE MEIA
É ANOS E ANOS DE FUTEBOL CORRENDO NA VEIA

Reis da Bola (Pepeu, Moraes e Galvão)

Marília Aguiar

Um dos maiores prazeres dos Novos Baianos era sair tocando em cima de um trio elétrico no Carnaval da Bahia. Para tornar isso possível era preciso muito empenho e conhecimento. Uma verdadeira batalha se desenrolava todos os anos até conseguirem um patrocinador que financiasse os altos custos gerados. E nada era feito com antecedência.

As negociações com a prefeitura e com os possíveis patrocinadores só começavam poucos dias antes do carnaval, em reuniões presenciais, em Salvador. E se nada se resolvia antes, muito menos a distância. Isso gerava muita tensão, mas as dificuldades já eram previstas e não alteravam nossos planos.

A prioridade era estar em Salvador no verão e fazer apresentações no Carnaval com o trio elétrico.

A gente gastava um bom tempo tentando encontrar a maneira mais econômica de ir para a Bahia. Numa dessas vezes, conseguimos comprar as passagens aéreas para todo o grupo, mas só o trecho de ida, do Rio de Janeiro para Salvador.

Estávamos excessivamente confiantes, porque o atual empresário dos Novos Baianos, Marinaldo Guimarães, afirmara que tinha conseguido iniciar as negociações com certa antecedência e que as perspectivas de ganho pareciam ótimas. Sendo assim, as passagens da volta de Salvador para o Rio de Janeiro poderiam ser compradas depois do Carnaval, no fim do verão.

Viajamos no começo de janeiro e alugamos duas casinhas geminadas, no final de Itapuã, já perto do Abaeté. João Loureiro, nosso amigo, morava perto dali e havia conseguido reservá-las por um preço acessível. Eram conhecidas como as Casas dos Padres, porque serviram de morada a muitos padres da igrejinha de Itapuã.

Eram casinhas muito simples, mas acomodavam todos nós. Tinham pequenos jardins na frente, separados apenas por pedaços de paus e arames. Tratamos logo de remover a cerquinha, e o espaço externo das casas se tornou nossa sala. Assim como

esse onze aí

no Cantinho do Vovô, as refeições, conversas, leituras e o som aconteciam sob a sombra de algumas árvores.

O contrato entre os Novos Baianos e a prefeitura finalmente foi assinado e estipulava que o valor acordado entre as partes incluía o cachê e todos os custos de produção.

Naquele ano, a prefeitura decidiu monopolizar todos os patrocínios e distribuir os valores entre os artistas e os trios da maneira que julgasse conveniente. Ninguém conseguiria captar recursos com outro patrocinador.

Além do valor combinado, forneceriam apenas o caminhão com a carcaça do trio elétrico já montada e um equipamento de sonorização bem básico. Até o óleo diesel, necessário para as saídas do caminhão, deveria entrar em nossa planilha de custos, assim como as taxas obrigatórias para as liberações necessárias junto aos órgãos competentes, os transportes locais, os seguranças, a alimentação da equipe, o figurino, a decoração do trio, a confecção das placas com o nome do grupo, os impostos, as passagens aéreas, as hospedagens, absolutamente tudo precisava ser incluído nos nossos custos.

Questionar se valia a pena aceitar essas novas condições ou não, estava fora de questão. Participar da maior festa da Bahia era o sonho de todos nós. Se o dinheiro não fosse suficiente, a gente daria um jeito.

Quando o Carnaval acabou, descobrimos que gastamos bem mais do que o previsto. Agora era fundamental resolver a viagem de volta. Não tinha sobrado dinheiro para comprar tantas passagens aéreas.

Depois de procurar muito, fretamos um ônibus cujo dono aceitou receber parte do dinheiro no embarque e o restante na chegada. Até lá, teríamos alguns dias para pensar onde conseguir o valor restante. Colocamos tudo no ônibus e pegamos a Rio-Bahia animadíssimos.

Eu e a Baby levamos até balde e sabão, para ir lavando as fraldas das crianças nos banheiros dos postos da estrada; na época não existia fralda descartável. Secar não era problema, a gente amarrava na janela e o vento fazia o resto.

O dinheiro já estava acabando e ainda havia muita estrada pela frente. Estávamos próximos de Itabuna e nos lembramos de um amigo que morava numa fazenda ali perto. Encostamos o ônibus na porteira, chamamos por ele, explicamos a situação e pedimos para ficar uns dois ou três dias por lá, aguardando um depósito que seria feito na conta dele, para que nos repassasse. Na verdade, inventamos isso, pois ainda não fazíamos a menor ideia de onde poderia vir esse depósito bancário.

Toda a bagagem foi descarregada em um paiol desocupado, empoeirado e cheio de aranhas que desciam pelas paredes. Depois de algumas horas fechados no ônibus, os Novos Baianos só queriam fazer um som. O paiol, então, se transformou num palco, com instrumentos e amplificadores.

A gravadora, que poderia nos socorrer enviando algum adiantamento, estava fechada para as habituais férias coletivas, e não encontramos no Rio quem pudesse resolver nosso problema. Conversando durante a madrugada, surgiu uma proposta bizarra para conseguir dinheiro e seguirmos viagem. Marcar um jogo contra o Itabuna Futebol Clube.

Todo mundo sabia que, além da música, os Novos Baianos eram apaixonados por futebol. Tinham até time, se consideravam craques e acreditavam realmente que teriam chance de vitória mesmo contra atletas profissionais. O NBFC (Novos Baianos Futebol Clube) era o orgulho deles! O time tinha dois uniformes exclusivos, com logomarca bordada, maleta de primeiros socorros, massagista contratado e tudo.

O amigo que nos hospedava se dispôs a negociar com a diretoria do clube um jogo entre os dois times no estádio deles, com venda de ingressos. Cada time ficaria com metade da bilheteria. A diretoria aceitou!

A empolgação tomou conta de todos, e o que parecia insensato se transformou em convicção. Só pensavam no jogo. Era

esse onze aí

imprescindível apresentar um time competente e, para tanto, tinham que contratar alguns jogadores que garantissem o bom desempenho.

Ficou decidido, então, que o Gato Félix iria até o Rio de Janeiro, usando o que nos restava de dinheiro, com a missão de trazer os tais reforços para o NBFC.

Ele não conseguiu muita coisa e voltou trazendo apenas mais dois jogadores que já tinham atuado em times profissionais.

As rádios locais e os carros de som nas ruas fizeram muita divulgação da partida. No domingo marcado para o jogo o estádio ficou lotado e a bilheteria parecia estar garantida. Minutos antes do início, Baby, eu e as crianças entramos no campo e nos acomodamos no banco dos reservas. Isso já provocou certa gritaria na arquibancada.

O time NBFC começou jogando muito mal. Os torcedores vaiavam alto, proferindo palavrões e chamando os cabeludos de veados. Baby não gostou, subiu no banco dos reservas e revidou com os mesmos adjetivos.

No final do jogo, o placar marcava 11 X 0 para o Itabuna.

A torcida ficou revoltadíssima quando percebeu que tinha sido enganada e pagou para assistir a seu time jogar contra amadores. Gritavam ameaças.

O perigo de acontecer um tumulto maior era real, porque o gramado e as arquibancadas ficavam muito próximos. A polícia foi chamada e precisou nos escoltar de volta até a fazenda.

Nosso amigo conseguiu receber a parte combinada da bilheteria e nos despachou cedinho para o Rio de Janeiro, com medo de se envolver em mais alguma confusão.

JÁ SOMOS PESSOAS SEM ÓDIO

E NO MAIS, TUDO NA MAIS PERFEITA PAZ
SENDO QUE EU ASSUMO ISSO,
MESMO QUANDO SE DIZ QUE JÁ ACABOU
AINDA QUERO MORRER DE AMOR

Vagabundo Não É Fácil (Moraes e Galvão)

Marília Aguiar

Durante os dez anos em que os Novos Baianos viveram juntos, passamos todos os carnavais na Bahia. Alugávamos casas simples, muitas vezes em Itapuã ou na Boca do Rio, e ficávamos durante todo o verão.

No começo de 1974 resolvemos arranjar um espaço maior e alugamos um sítio em Dias D'Ávila, perto de Salvador. Nessa época do ano as passagens aéreas costumavam ser muito mais caras.

O grupo era grande, e nossas crianças nos acompanhavam a todos os lugares. Além disso, os instrumentos e o material esportivo aumentavam consideravelmente a bagagem. O time Novos Baianos F.C. levava sempre dois jogos de camisa, bolas e maleta de primeiros socorros a todas as cidades em que se apresentavam, porque sempre haveria também jogos de futebol.

A logística para transportar tanta gente e tanta coisa exigia um planejamento minucioso.

Após muita discussão, ficou decidido que daquela vez era preferível comprar uma quantidade de carros suficiente para comportar todos nós e viajar dessa maneira pra Bahia.

Talvez nem fosse a solução mais barata, porém os carros podiam ser pagos em prestações e ninguém se preocupava com juros e dívidas futuras. Além disso, estariam resolvidos nossos deslocamentos entre Dias D'Ávila e Salvador.

Petúnia Carcará, nossa amiga e empresária do grupo na época, já tinha o próprio carro e poderia levar mais três pessoas. Precisávamos então de mais três veículos. Compramos duas Variants e um Dodge Dart.

Para cumprir a formalidade que exige os dados do proprietário no documento, fizemos um sorteio para saber em nome de quem eles ficariam. Só os nomes dos homens foram escritos nos papéis para o sorteio.

Achei inacreditável vivenciar uma atitude tão machista entre pessoas que eram consideradas a vanguarda do seu tempo!

Lembro também de outras situações vividas com eles que me incomodaram. Qualquer ambição profissional nossa, das mulheres,

já somos pessoas sem ódio

não era considerada importante e não era incentivada. A única concessão que faziam era para a Baby, por ser a maravilhosa cantora do grupo e porque precisavam da sua voz potente.

Ser apresentada por eles como a mulher do Paulinho me constrangia. Eu não queria ser reduzida a só isso. Por que não dizer apenas meu nome? Não se referiam aos homens como maridos de alguém.

E ainda tínhamos que ouvir os comentários e julgamentos preconceituosos que eram feitos às vezes por eles, como se vivessem na velha família provinciana do século passado.

No sorteio dos carros uma das Variant saiu para o Charles Negrita, que nunca dirigiu, outra para o Galvão, e o Dodge Dart saiu para Dadi.

Burocracia resolvida, subimos para a Bahia com os carros lotados. Paramos algumas vezes em postos de gasolina da estrada para dar banho nas crianças e abastecer.

Ter os carros também facilitou muito nosso esquema com as crianças. Era possível pegar uma praia com elas cedinho, voltar para o sítio em Dias D'Ávila, colocá-las para descansar e seguirmos à noite juntos para a praça Castro Alves.

A praça fervia com o melhor do Carnaval da Bahia. Tudo estava lá, os amigos, os trios elétricos, os velhos e os novos artistas. Todo mundo tinha encontro marcado nas barracas ao pé da estátua do poeta.

Naquele tempo era possível subir de carro a Ladeira da Montanha e estacionar bem atrás da praça Castro Alves.

Para que as crianças ficassem mais protegidas, eu e a Baby transformamos uma das Variant num quartinho improvisado. No banco abaixado, esticávamos um edredom para servir de cama, acomodávamos uns travesseiros e deixávamos por perto todos os apetrechos: mamadeiras, fraldas, não faltava nada. Fazíamos um revezamento para cuidar delas e brincar o Carnaval na Praça. O Gato Félix e o Bola Morais também se dispunham a ficar com as crianças de vez em quando. Era bem divertido!

Marília Aguiar

Para aproveitar ainda mais o último dia daquele Carnaval, resolvemos chegar em Salvador bem cedo na terça-feira. Melhor ainda, decidimos que íamos desfilar da avenida Sete de Setembro até a Praça da Sé como um bloco. O Bloco dos Novos Baianos!

Para aumentar o número de participantes, chamamos alguns amigos, o Joildo Tuareg, João Loureiro, Dinho Loro, Chico Evangelista, os irmãos do Pepeu e os do Charles Negrita, e fomos. Arranjamos até uma corda bem grande para nos cercar e proteger nosso grupo na rua, como os blocos profissionais faziam. Só faltava o figurino.

A Petúnia não estava em Dias D'Ávila, pois tinha ido para a casa de amigos em Salvador, mas deixou o carro dela estacionado no jardim do sítio.

A gente sabia que ela tinha um verdadeiro armário no porta-malas. Guardava ali saias longas e túnicas indianas maravilhosas, bijuterias, tudo! Para uso próprio e para vender também. Claro que essa ficou sendo a fantasia do bloco. Todo mundo vestido com as roupas da Petúnia.

Cada trio elétrico que passava era seguido por nosso bloco. Fizemos o percurso várias vezes, na maior felicidade. Já bem tarde da noite, em plena Praça Castro Alves, o bloco deu de cara com a Petúnia e seus amigos. Ela ficou surpresa quando viu Galvão, Moraes Moreira, Paulinho Boca, Bola Morais, Gato Félix, Charles Negrita, Baxinho e muitos outros usando suas roupas indianas caríssimas. Até achou engraçado, mas não voltou para o Rio de Janeiro com a gente.

Dois anos depois, em 1976, o Trio Elétrico Novos Baianos saiu pela primeira vez no Carnaval da Bahia. Nessa época existiam poucos trios elétricos e eles eram muito diferentes dos atuais, desde a sonorização até a infraestrutura. Cada percurso durava entre oito e dez horas, e os caminhões não tinham camarim nem banheiro.

Quando alguém que estava em cima do trio precisava fazer xixi, o único jeito era usar o corredor ao lado do gerador. Era preciso tomar cuidado para não se queimar, porque o espaço era mínimo e muito quente, o barulho era infernal, e o cheiro, nauseante. Parecia que o xixi evaporava antes de cair no piso do caminhão. Havia uma tela protegendo o gerador, o que provocava a ilusão de que ninguém nos veria naquela situação.

Ilusão apenas!

Nossas crianças também ficavam em cima do trio elétrico, sentadas nas caixas de som vendo o Carnaval ou dormindo em cestos ou colchonetes, quando tinham sono.

Nesse mesmo ano, Moraes Moreira, que já não estava mais com os Novos Baianos, também estreou no Carnaval de Salvador, com o Trio Elétrico Armandinho, Dodô e Osmar.

Os técnicos pela primeira vez trocaram as cornetas por caixas de som mais potentes, usaram mesa com 16 canais para mixar o som e microfones para os cantores.

Moraes Moreira se tornou o primeiro cantor de trio elétrico do Brasil.

AÍ JÁ É ALUNTE!

PORQUE NÃO TEMOS TEMPO PRA ESSES PAPOS PENSADOS
ESTAMOS NA LINGUAGEM DO ALUNTE, PALAVRA NOVA QUE
DISPENSA EXPLICAÇÃO,
PRA LÁ, MUITO PRA LÁ DE ALUCINAÇÃO

Linguagem do Alunte (Moraes, Galvão e Pepeu)

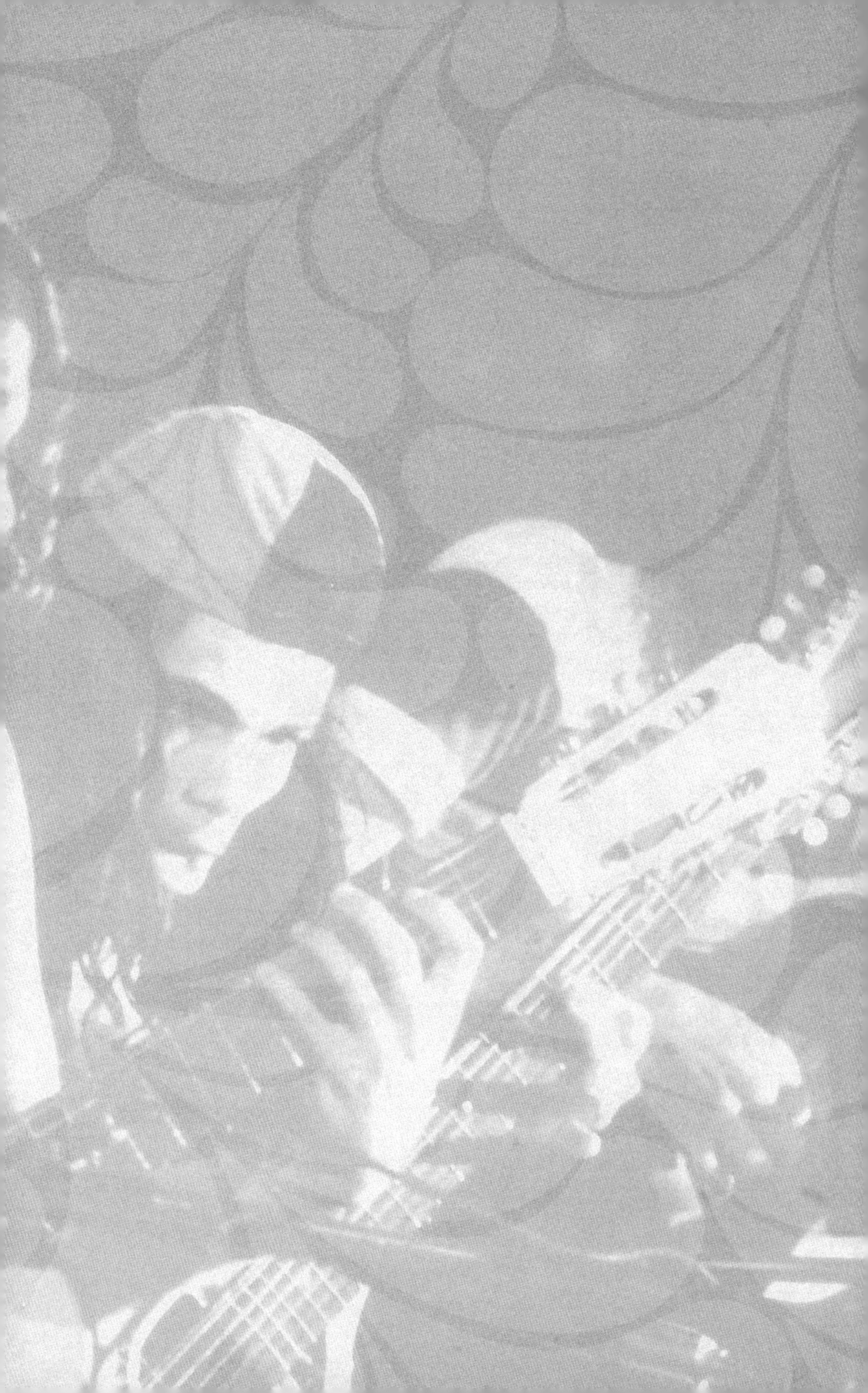

aí já é alunte!

Os Novos Baianos nem sempre seguiram critérios rigorosos para escolher um empresário que administrasse sua carreira artística. Profissionais do ramo, com escritórios atuantes e gerenciando também outros grandes artistas os representaram em períodos diferentes, mas foram poucos, e não permaneceram muito tempo com o grupo. Outros foram designados empresários, mesmo não tendo infraestrutura para tanto. Assumiram por interesses diversos ou apenas por serem amigos e estarem disponíveis. Essa prática estabelecia uma mistura contraproducente da vida privada com a profissional.

Marcos Lázaro (também conhecido como Dom Marcos) foi o primeiro empresário do grupo. Seu amplo escritório na rua da Consolação, em São Paulo, detinha exclusividade no agenciamento de alguns dos maiores artistas brasileiros da época. Dom Marcos exigia autonomia no direcionamento da carreira de seus contratados, e isso era impossível para eles.

Luiz Galvão exercia múltiplas funções nos Novos Baianos. Era o poeta, letrista das canções e diretor dos shows. Agia também como mentor do grupo e não admitia interferências externas.

Além dessa divergência, o escritório do Marcos Lázaro começou a receber constantes reclamações da gerência do Hotel Danúbio, onde ele nos hospedava. O som alto e o cheiro estranho que saía pelas janelas e portas do apartamento, entranhando nas paredes do corredor, estavam incomodando outros hóspedes. E havia ainda o jogo de futebol com bola de meia, disputado no quarto, que fazia o andar inteiro tremer!

A difícil convivência com o grupo aliada à frustrada expectativa de grandes lucros com a venda de shows levou ao rompimento do contrato após poucos meses.

Na sequência, o posto foi assumido por Carlos Pitoco, que era simplesmente um amigo fiel, mas não produziu nem vendeu show algum durante os meses de sua administração. Foi um grande jogador de sinuca, muito respeitado nesse meio. Deixou a própria vida de lado e nos levou na sua Kombi para a Bahia, no final de 1970, fugindo da invasão da polícia na casa do Imirim. Foi aí que se tornou o empresário. Anos depois, se casou, teve filhos, foi dono de restaurante e de postos de gasolina em São Paulo. Por fim, se envolveu com negócios ilícitos e morreu de forma violenta.

Quando chegamos ao Rio de Janeiro, no começo de 1971, conhecemos Paulinho Lima e Anecy Rocha, que eram sócios em um escritório de produção artística e se dispuseram a trabalhar com os Novos Baianos. Produziram o primeiro show na cidade, no Teatro Casa Grande, no Leblon, entre março e abril de 1971. A temporada foi um enorme fracasso financeiro e desencorajou os novos empresários, que desistiram da função. Anecy era atriz e foi rodar um filme; já Paulinho resolveu se dedicar a outros projetos.

Em meados de 1971, apareceu no apartamento de Botafogo um goiano engraçado, que tinha uma barba enorme e por isso ganhou o apelido de Barbudo. Seu nome era Luiz Carlos Gondim. Era prestativo demais e logo ficou amigo de todos. Começou a ir lá todas as tardes trazendo frutas, biscoitos e dinheiro para nossas outras compras. Não demorou muito e ficou decidido que ele seria o novo empresário dos Novos Baianos.

Barbudo ficou empolgadíssimo com o cargo e logo articulou uma longa temporada de shows no Teatro Fonte da Saudade, na Lagoa.

Mandou fazer fotos para divulgação e colocou um outdoor enorme num ponto estratégico na Lagoa Rodrigo de Freitas. Ficou exposto durante seis meses, mas os shows nunca aconteceram.

Barbudo tinha atitudes extravagantes. Muitas vezes, pegava um táxi pela manhã e passava o dia inteiro indo a vários lugares, deixando o motorista esperando com o taxímetro ligado. À noite, sem dinheiro para pagar a corrida, mandava o taxista receber na casa da Vilma Dantas, sua namorada, ou com algum conhecido!

Outro que tentou foi o Felipão. Era engenheiro da Petrobras, casado, tinha duas filhas pequenas e morava confortavelmente na

aí já é alunte!

Zona Sul do Rio de Janeiro. Conheceu primeiro o Galvão, passou a frequentar o sítio para jogar futebol, tornou-se amigo solícito e não queria mais sair de lá. Os dois foram presos juntos em 1972 por porte de drogas.

Quando foi demitido da Petrobras e não estava mais disposto a trabalhar de terno e gravata, cercado de gente careta, Felipão mudou-se para o Cantinho do Vovô com a família e se transformou no empresário do grupo. Realizou uma temporada de shows na boate Number One, em Ipanema, que ajudou bastante na divulgação das músicas do LP *Novos Baianos F.C.*

A dupla de empresários que veio a seguir era composta por Cláudio Prado e André Matarazzo, indicados por Alberto Byington, então presidente-executivo da gravadora Continental, que acabara de lançar o LP *Novos Baianos F.C.*, em 1973. Aliás, foi também na Continental que os Novos Baianos gravaram o LP seguinte.

Byington era atencioso, paciente e querido por todos nós. Transformou-se num amigo cujas opiniões todos respeitavam. Ele se preocupava com a falta de uma estrutura empresarial que desse suporte à carreira dos Novos Baianos e impulsionasse a venda de shows.

Durante as gravações do LP *Novos Baianos*, em 1974, até ficamos hospedados, com nossos filhos e alguns agregados, no grande sítio da família Byington, perto de São Paulo.

Cláudio Prado e André Matarazzo idealizaram grandes projetos para administrar a carreira do grupo. Abriram uma firma, a Sonhos Criações Artísticas e Ambulantes S.A., cuja logo imitava a do papel de seda Colomy, considerado então o melhor para enrolar baseados. Copiaram os mesmos tons de amarelo e vermelho, a diagramação e a fonte. Planejaram grandes turnês, que cobririam todo o Brasil, viajando em ônibus próprio, com a logo estampada nas laterais.

Para os shows dos Estados Unidos e da Europa seria fretado um avião da Varig, que também ostentaria a logo na fuselagem.

Marília Aguiar

Todos precisavam tirar os passaportes com urgência. Mas muito pouco do que planejaram deu certo. Restaram apenas os sonhos e as fotos hilárias feitas para os passaportes, nas quais todos apareciam com o mesmo paletó e a gravata emprestados pelo fotógrafo.

Cláudio Prado continuou nosso amigo e nos ajudou um tempo depois, quando fomos quase despejados do Cantinho do Vovô em 1976.

Petúnia Carcará passou rapidamente pelo cargo. Foi ela quem viabilizou a compra dos três carros de uma vez para que todos fossem passar o Carnaval na Bahia. O único show anunciado e produzido pela Petúnia foi o do Campo da Graça, Salvador, em 1976, com portões abertos ao público. Foi a estreia do Didi Gomes nos Novos Baianos, substituindo o Dadi Carvalho, que havia abandonado o grupo.

Guilherme Araújo já era empresário bem-sucedido de Caetano Veloso, Gilberto Gil e Gal Costa quando quis trabalhar com os Novos Baianos. Tentou introduzir novos conceitos na imagem e na produção dos shows, mas Galvão, mais uma vez, não admitiu intromissões, e o acordo se desfez em pouco tempo.

Marinaldo Guimarães, que veio a seguir, era ligado às primeiras bandas de rock do Brasil. Se empenhou bastante e conseguiu produzir alguns shows, até mesmo no Carnaval de Salvador com o trio elétrico.

Depois que os Novos Baianos se separaram, ele abrigou em sua casa do Rio Comprido a maioria dos que eram solteiros, mesmo não tendo mais vínculos de trabalho com o grupo.

Carlos Eduardo Caramez foi o último empresário dos Novos Baianos. Nós o conhecemos em São Paulo, quando era jornalista da revista *Pop*. Ele se associou ao Wagner Domingues, um fã do grupo que tinha certa estabilidade financeira, e montaram o escritório da Novos Baianos Produções Artísticas no Itaim. Eles tinham boas intenções e tentaram por um tempo estabilizar a vida do grupo.

aí já é alunte!

Nunca foi uma tarefa simples administrar a carreira artística dos Novos Baianos, principalmente quando o empresário passava a morar na mesma casa, como fez o Caramez, que deu um tempo na sua atividade de jornalista para se dedicar integralmente à nova função.

O cargo se tornava então muito abrangente. Além de gerenciar, promover e vender os shows, formular contratos e conduzir as negociações com as gravadoras, muitas outras funções eram incorporadas. Passava a ser obrigação do empresário resolver as questões particulares das pessoas do grupo, cuidar do aluguel de uma casa onde coubesse todo mundo, providenciar o dinheiro para as compras de supermercado, pagar maternidades e garantir o leite das crianças. Trabalho bem complicado!

Caramez batalhou muito, mas o momento era bem difícil, pois o grupo já estava se dissolvendo, e alguns queriam priorizar seus novos projetos. Quando cada um foi para o seu lado, ele ainda continuou como empresário do Pepeu Gomes por alguns anos.

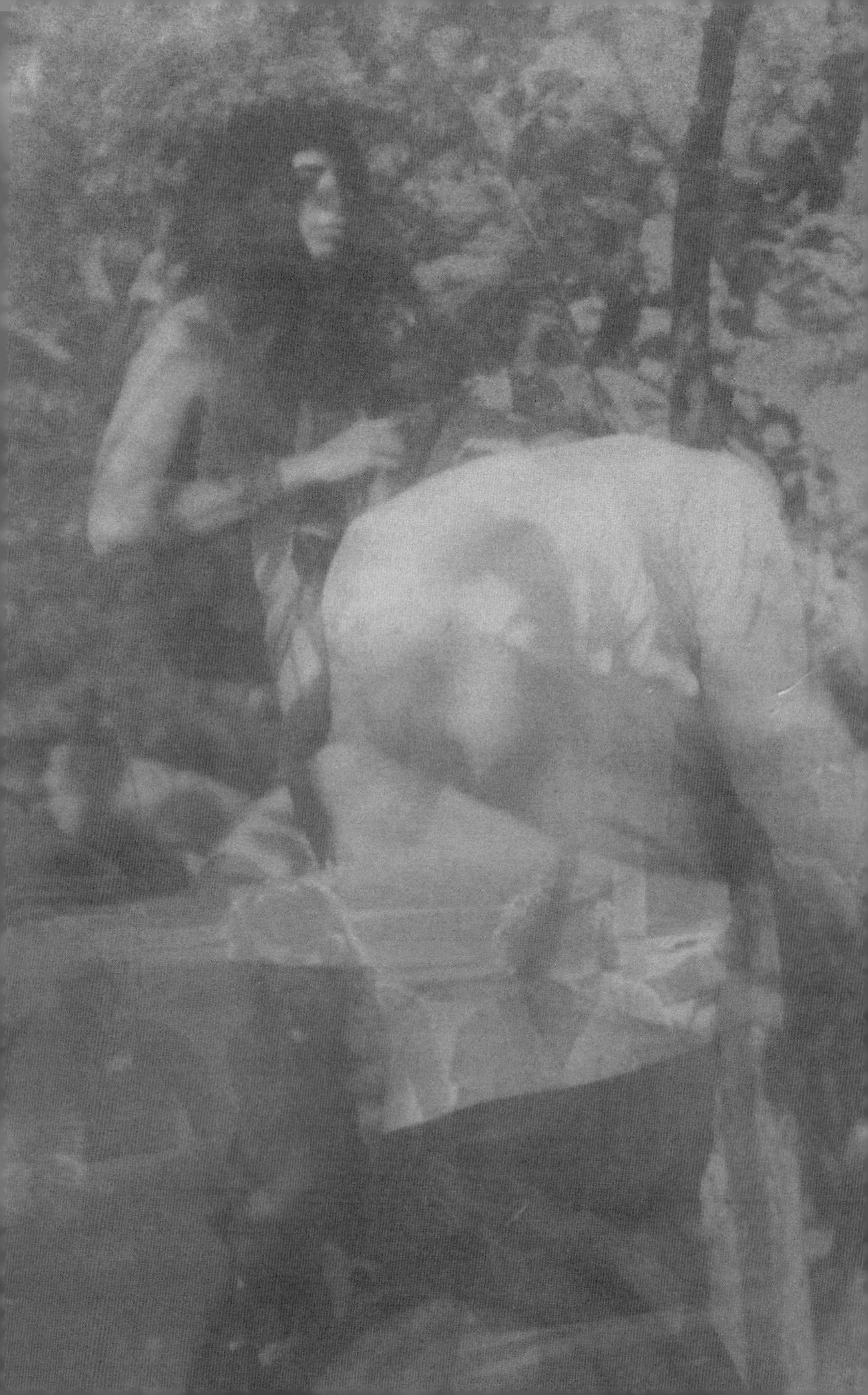

MESMO QUE NÃO DÊ EM NADA

TRAGAM SEMPRE O SURPREENDENTE
LANCEM A DÚVIDA
EM SEMENTE

Sugesta Geral (Moraes e Galvão)

Marília Aguiar

Viver com os Novos Baianos, dividindo casas, emoções e pensamentos, foi, durante todo tempo, uma experiência única e surpreendente.

Cada dia trazia acontecimentos inusitados. Mas era também uma vida instável, inconstante e cheia de incertezas. Em todos os sentidos. Perfeita para quem não gosta de rotina, como eu, mas afetava quem necessitava dela.

Durante anos, ficar mudando de casa foi até divertido, embora isso não acontecesse em razão de escolhas nossas.

Após o desligamento do Moraes Moreira do grupo, em 1975, o número de shows diminuiu, o que agravou bastante a nossa situação financeira, que nunca foi tranquila.

A dívida com o proprietário do Cantinho do Vovô se acumulou, não havia dinheiro para pagar os aluguéis atrasados, e ficamos na iminência de sermos despejados. Apelamos para nosso amigo Cláudio Prado, que morava em São Paulo, e ele nos sugeriu mudar para lá, em 1976.

Não havia alternativa.

Cláudio conseguiu que o dono de uma casa desocupada, vizinha à sua, nos alugasse sem fazer um contrato formal. Bancou nossa mudança pra São Paulo e "segurou nossa onda" em todos os sentidos por seis meses, pagando o aluguel e ainda abastecendo nossa cozinha.

Nós estávamos habituados com o ambiente e a privacidade do sítio em Jacarepaguá, e essa nova casa exigia uma readequação indesejada. Era pouco espaço para tanta gente! Além de nós, ainda circulavam por lá vários amigos e muitas namoradas dos meninos, que tumultuavam um pouco mais a área.

Nossas crianças estavam crescendo, e foi ficando clara a necessidade de terem um mínimo de rotina. Maria, agora com cinco anos, queria ir para a escola. E todo dia ela reclamava do constante cheiro de maconha dominando o ambiente. Tinha medo de trazer alguma criança da vizinhança para brincar, porque dizia que o cheiro dos cigarros era esquisito e elas perceberiam. Maria ficava procurando baganas e sementes pela casa, se antecipando a possíveis flagrantes das amiguinhas. Além disso, ela sentia falta de comodidades que para nós eram impossíveis. Dizia que queria assistir à televisão sentada num sofá. E ter muitas gavetas cheias de roupas!

Gil, com três anos, estava desenvolvendo um tipo de fixação que me preocupava. Em todos os lugares a que a gente ia, ele se sentava no chão, se cercava do que estivesse por perto — jornais, almofadas, algum objeto ou brinquedo —, perguntando se agora ali era a sua casa.

Eu via tudo isso e temia que meus filhos tivessem problemas ou se tornassem pessoas tristes. Então, quando os Novos Baianos precisaram mudar novamente de casa, no início de 1977, decidi que era hora de resolver essa questão. Estava em São Paulo, e minha família talvez pudesse ajudar. Além disso, há tempos eu desejava trabalhar.

Falei com Paulinho Boca, que entendeu minha aflição, mas ficou com receio de ser pressionado pelo grupo, como tinha acontecido com Moraes. Precisou ser uma decisão só minha, priorizando o bem dos meus filhos e a perspectiva de arranjar um trabalho interessante. Naquele momento, não me importava onde Paulinho iria morar. Estaríamos na mesma cidade.

Os Novos Baianos se mudaram para uma casa na Vila Olímpia, na rua Casa do Ator, e eu consegui alugar uma casinha numa vila, no Alto da Lapa. Uma tia foi fiadora, minha avó pagou os primeiros aluguéis, minha mãe arranjou vaga numa escolinha para a Maria, e meu pai, feliz com minha escolha, ajudou a comprar uns móveis.

Durante um tempo, Paulinho Boca se dividiu entre as duas casas. Houve um certo desgaste entre nós, mas nunca um rompimento. Eu ia quase que diariamente à rua Casa do Ator, pois sentia saudade de todos, principalmente da Baby. E nossas crianças também se amavam muito.

Em julho de 1977, os Novos Baianos se mudaram novamente, dessa vez para uma casa na rua Itápolis, no Pacaembu. Foi a última em que moraram juntos.

As dificuldades financeiras e os desentendimentos pessoais cresceram nesse período. Baby e Pepeu, já com três filhas (Riroca, Zabelê e Nanashara), decidiram investir nas carreiras solo e voltaram para o Rio de Janeiro. Os solteiros foram para a casa do Marinaldo Guimarães, também no Rio. Eu e Paulinho Boca mudamos de casa, mas continuamos em São Paulo.

Em 1978, Baby gravou seu primeiro disco, *O Que Vier Eu Traço*. No mesmo ano, Pepeu lançou o seu, *Geração de Som*, e os Novos Baianos se reuniram para gravar o último disco dessa fase, *Farol da Barra*. Em 1979 foi a vez de Paulinho Boca gravar o seu primeiro solo, *Bom de Chinfra e Bom de Amor*.

Parecia ser possível seguirem com o grupo e as carreiras solo simultaneamente, até porque os músicos que participaram de todas essas gravações eram os mesmos. Jorginho, Didi, Baxinho, Bola e Charles Negrita. Mas a vida levou todo mundo para outros caminhos.

Continuamos a passar os verões juntos, em casas alugadas na Bahia, a sair com o trio elétrico no Carnaval e a nos encontrar com certa frequência, por um bom tempo.

Ainda em 1978, eu e Baby tivemos outros filhos, que nasceram em datas próximas, com apenas dezessete dias de intervalo: Betão e Pedro Baby.

Alguém me indicou um obstetra em São Paulo que estudava os possíveis efeitos colaterais de drogas na gestação. O dr. José Aldrighi me incluiu na pesquisa e facilitou todo o procedimento. Não cobrou honorários e ainda conseguiu para mim um leito no Hospital Albert Einstein, por um valor absurdamente baixo.

O bebê nasceu supersaudável, pesando quase quatro quilos e muito lindo! Isso talvez tenha decepcionado os pesquisadores, por contrariar alguma tese deles.

mesmo que não dê em nada

O nome desse meu filho é Roberto. Meu pai ficou felicíssimo por finalmente ter um neto com seu nome, mas nunca ficou sabendo que, na verdade, era uma homenagem do Paulinho Boca ao seu ídolo vascaíno, o Roberto Dinamite.

Finalmente, em 1983, consegui trabalhar na divulgação de filmes lançados pela Embrafilme, e adorei essa inovação na minha vida. Nunca mais parei, e todos os trabalhos que se seguiram foram extremamente gratificantes para mim.

Lembro que, no último dia útil daquele ano, andando pelo centro de São Paulo, de repente me vi coberta por papéis picados, jogados pelas janelas dos escritórios, comemorando a chegada do novo ano.

A sensação de fazer parte daquele mundo produtivo, de estar batalhando para sobreviver e ser independente me deixou completamente feliz.

BOCA, BABY, MOREIRA E PEPEU EM CIMA DO
AMPLIFICADOR - TEATRO CASAGRANDE, EM 1971.
AO LADO, BABY E MORAES (Fotos: Reprodução)

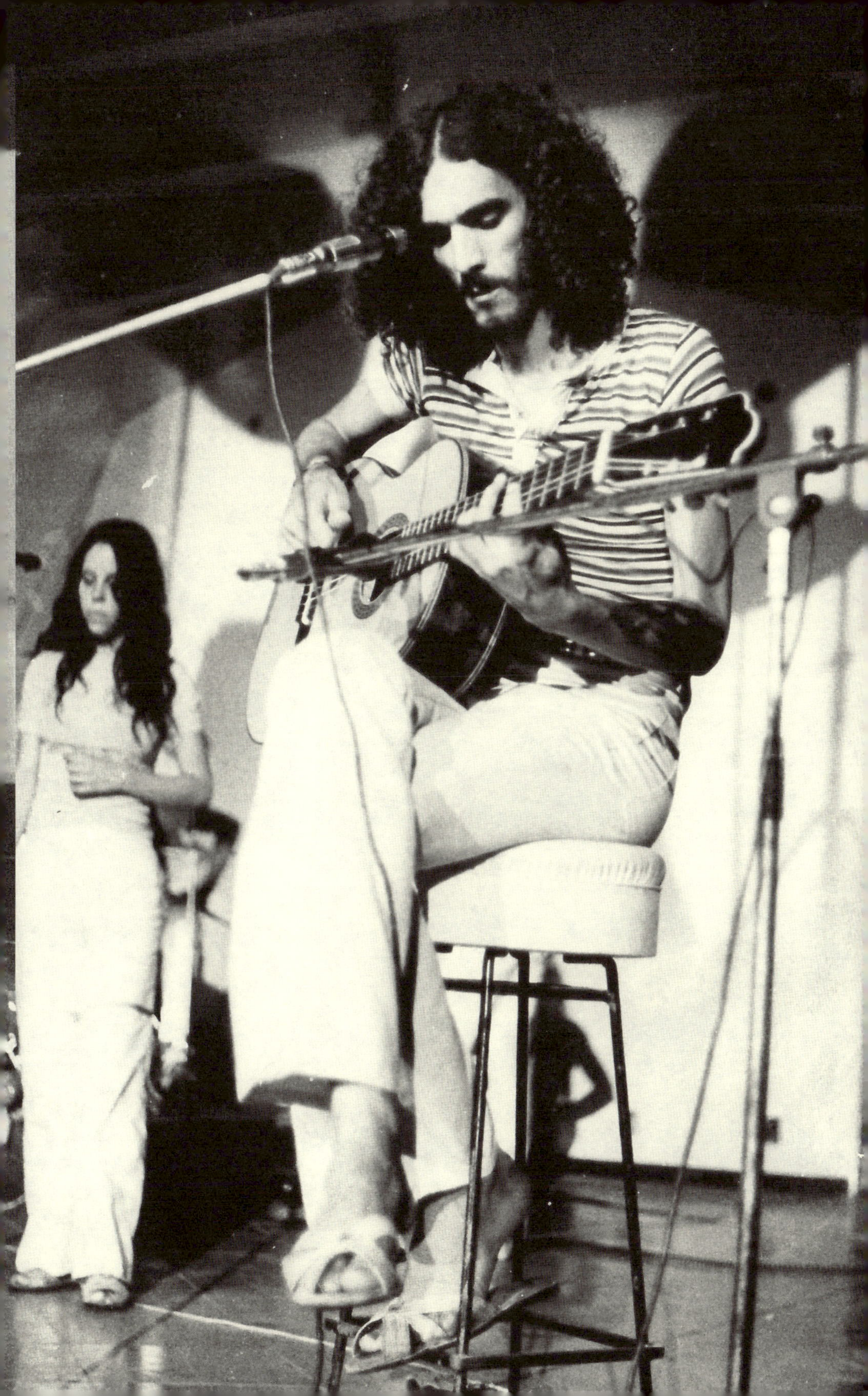

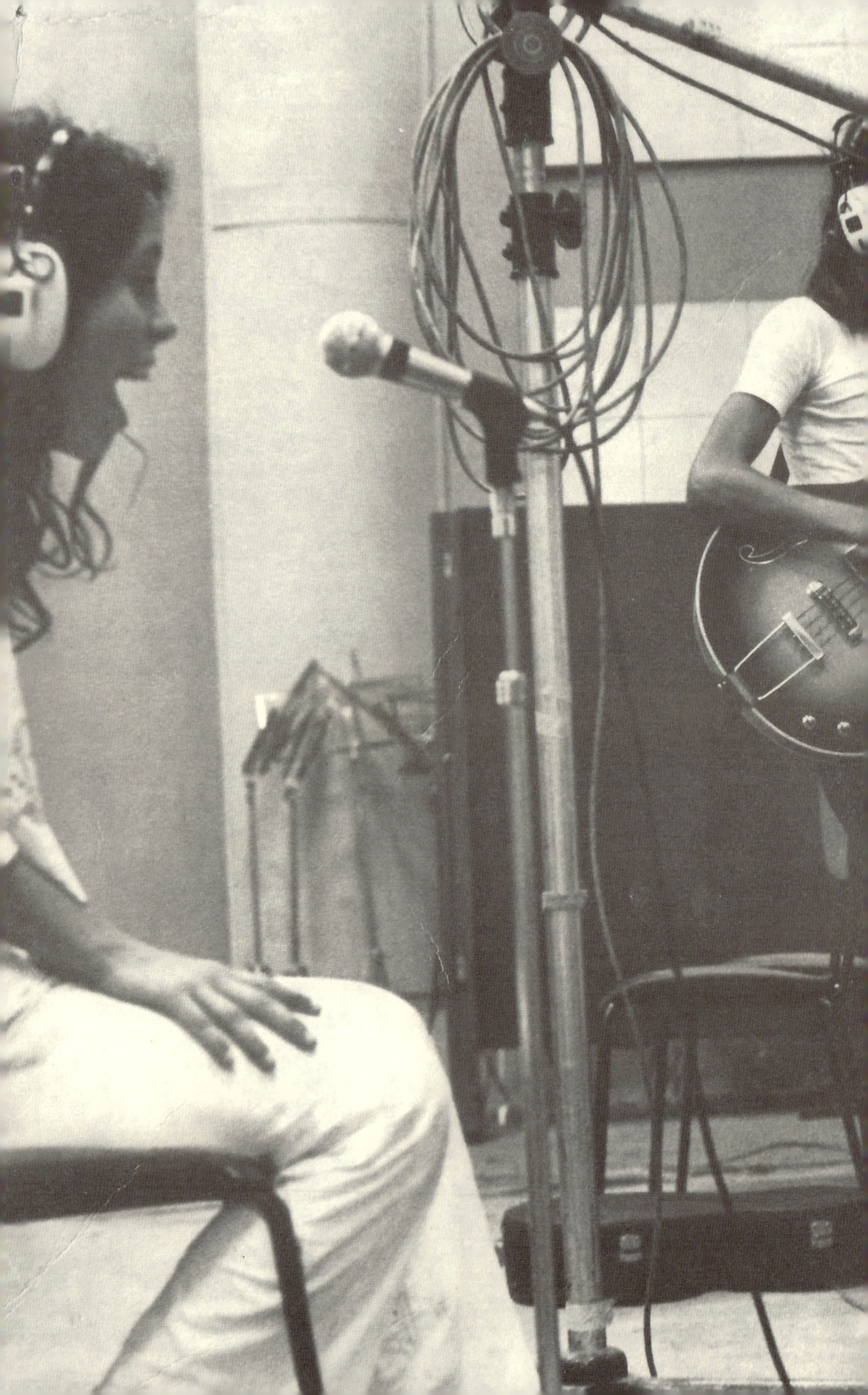

NA GRAVAÇÃO DO LP *ACABOU CHORARE* - BABY, DADI E PEPEU
(Foto: Acervo pessoal)

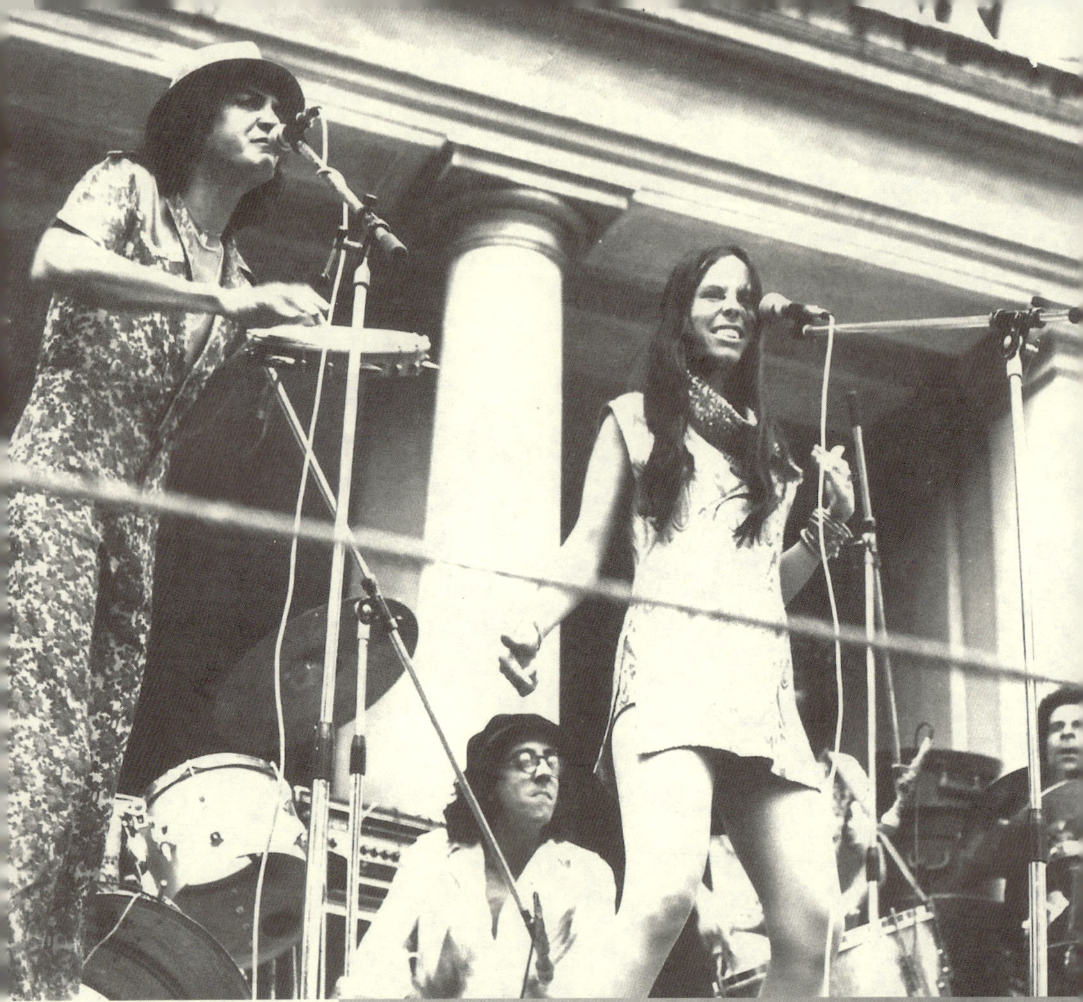

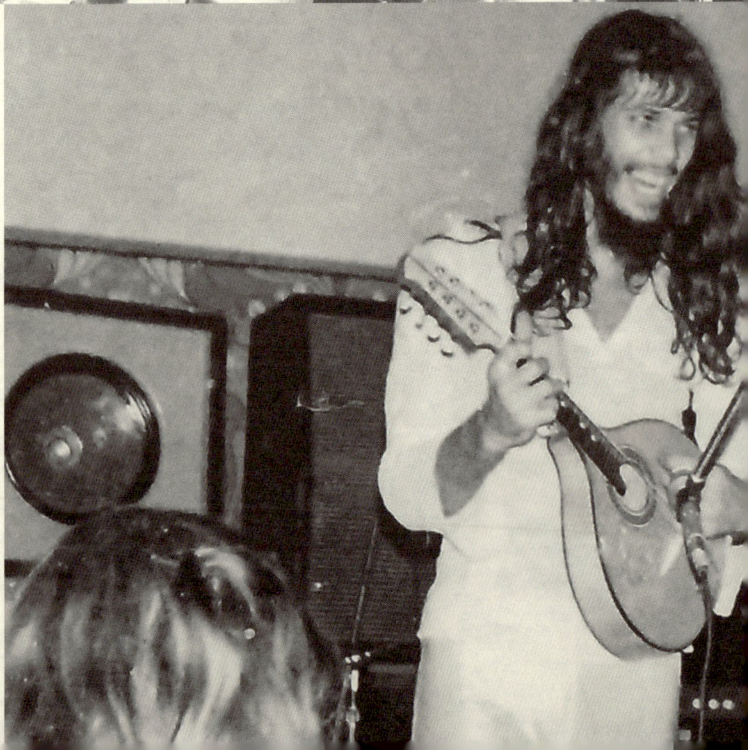

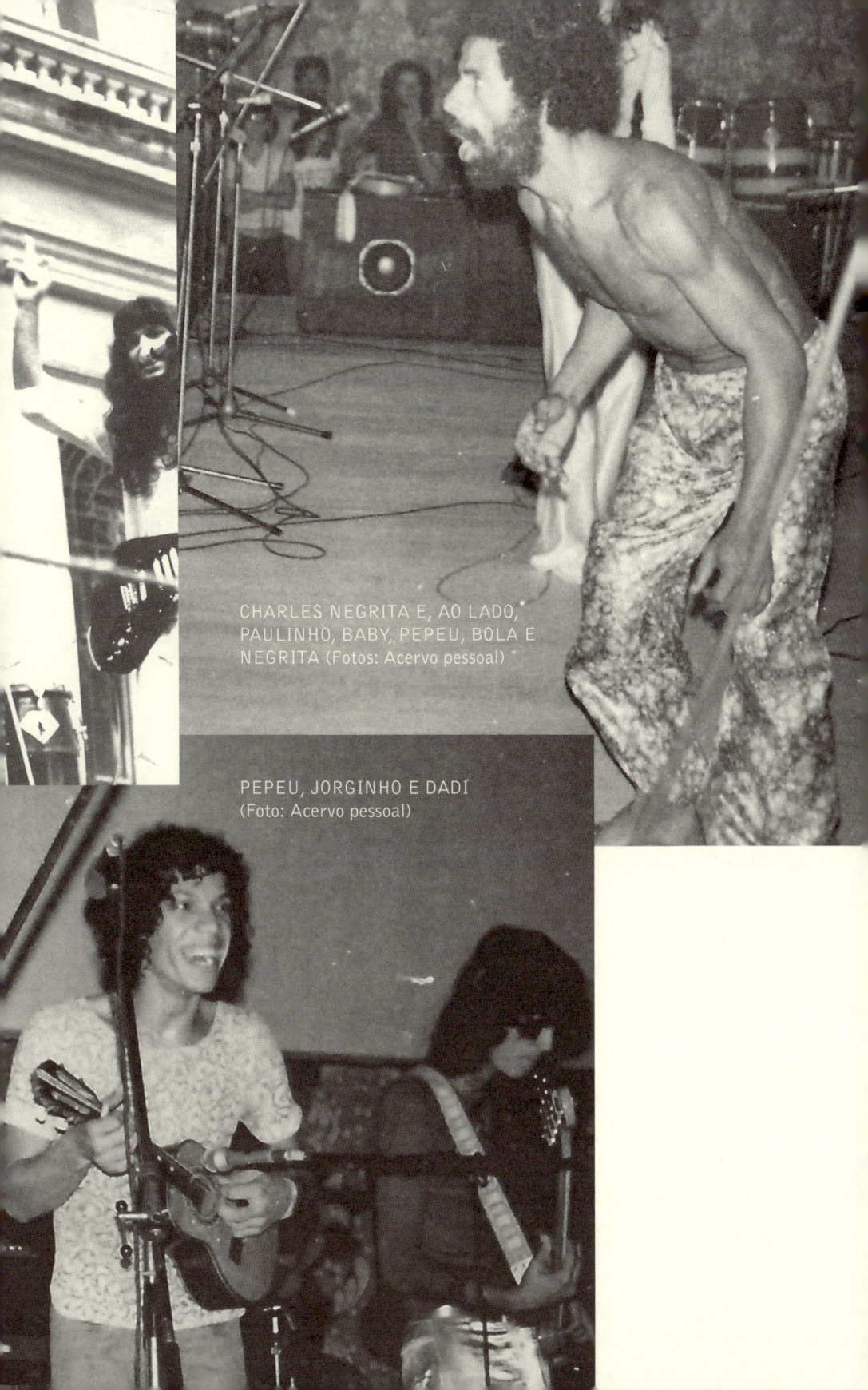

CHARLES NEGRITA E, AO LADO,
PAULINHO, BABY, PEPEU, BOLA E
NEGRITA (Fotos: Acervo pessoal)

PEPEU, JORGINHO E DADI
(Foto: Acervo pessoal)

Novos Baianos Futebol Club

com

MORAIS
PAULINHO e BABY

(meio de campo — os dançarinos baianos)

GATO FÉLIX e CHARLI

(no ataque — a cor do som)
PEPEU, JORGINHO, BAIXINHO, DADI e BOLACHA

Treinador — GALVÃO (Joãozinho Trepidação)
Auxiliar — FELIPÃO

MÚSICOS E SEUS RESPECTIVOS INSTRUMENTOS

PEPEU	—	Guitarra, craviola, violão e bandolim
DADI	—	Baixo e violão
JORGINHO	—	Cavaquinho, uculelê, bateria e bongô
BAIXINHO	—	Bateria, bongô e bumbo
BOLACHA	—	Bongô, apaxê e agôgô
MORAIS	—	Violão, uculelê e triângulo
PAULINHO	—	Pandeiro, bongô e afoxê
BABY	—	Afoxê, maracas e triângulo
No Som	—	MORRIS HUGHS
Ass. Produção	—	LUIS CARLOS e GILDA HORTA
Direção Musical	—	MORAIS e PEPEU
Direção Geral	—	GALVÃO
Produção	—	PAULO LIMA

Jorge Eduardo de Oliveira Gomes

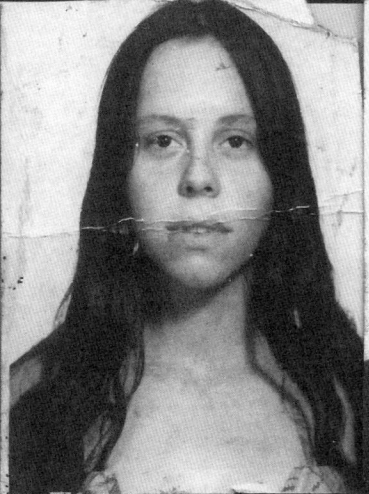

Bernadete Dinorah de Carvalho Cidade

Paulo Roberto Figueredo de Oliveira

José Roberto Martins Macedo

Luís Carlos Morais

Carlos Alberto Oliveira

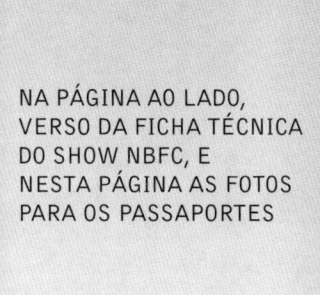

NA PÁGINA AO LADO, VERSO DA FICHA TÉCNICA DO SHOW NBFC, E NESTA PÁGINA AS FOTOS PARA OS PASSAPORTES

Pedro Aníbal de Oliveira Gomes

Luiz Dias Galvão

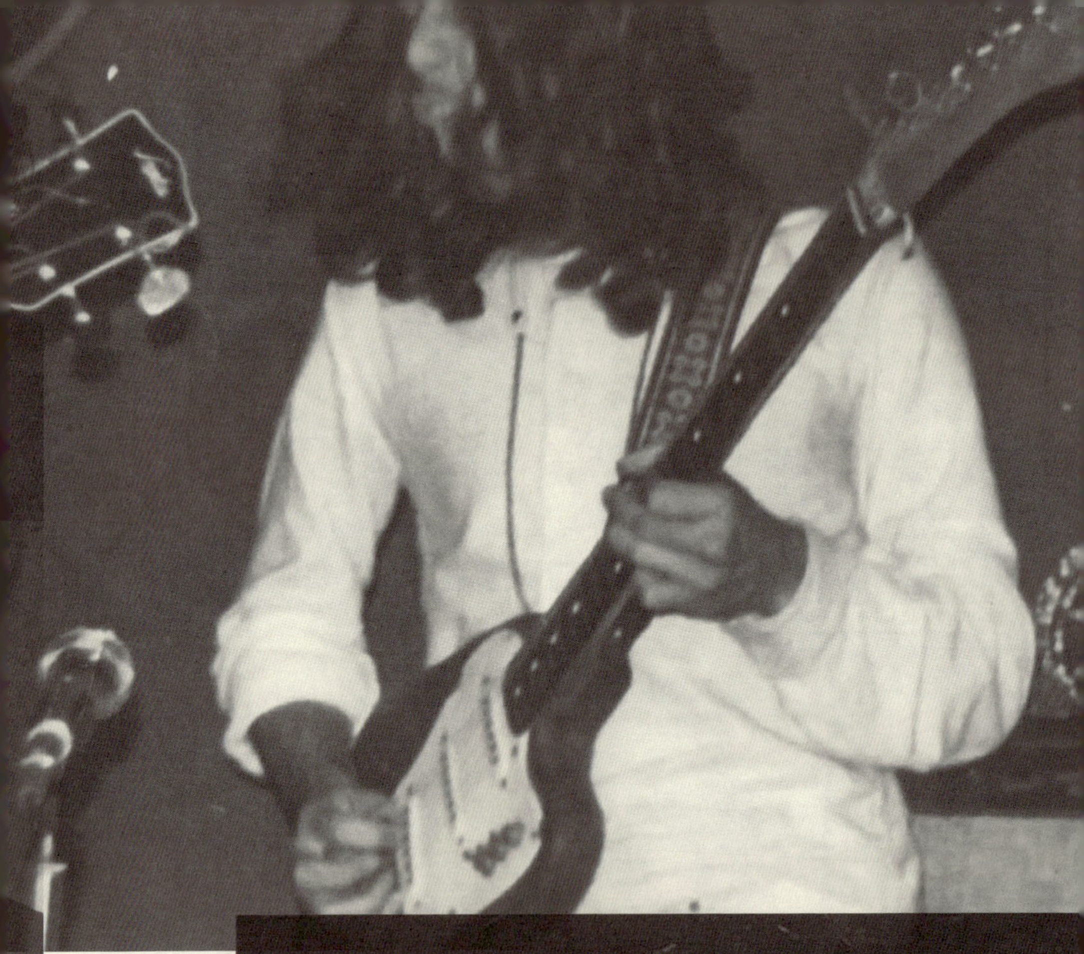
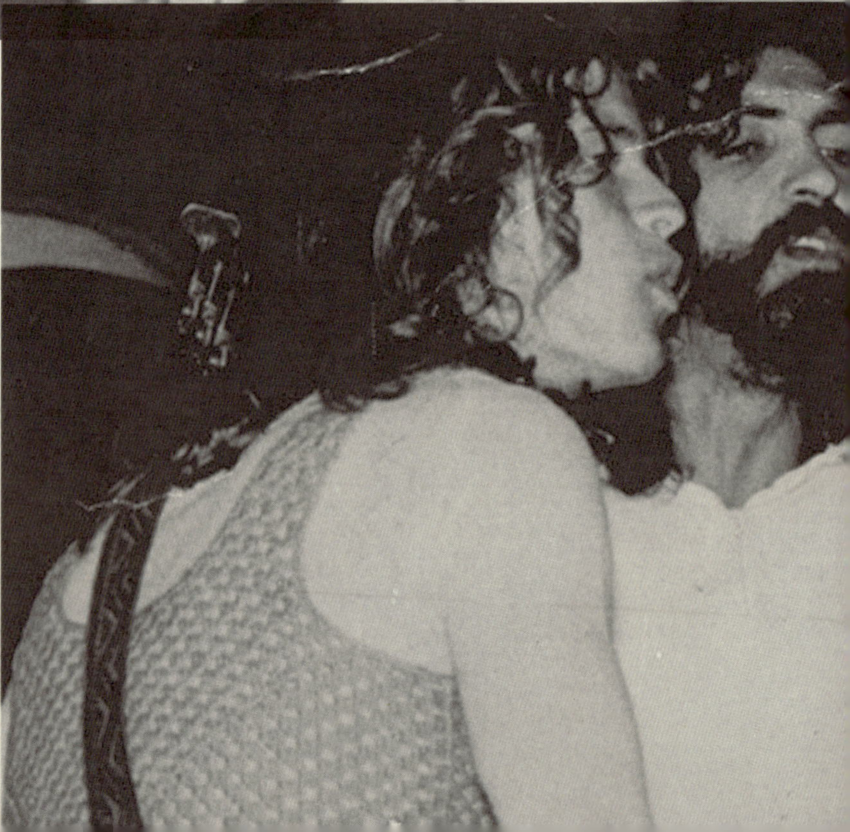
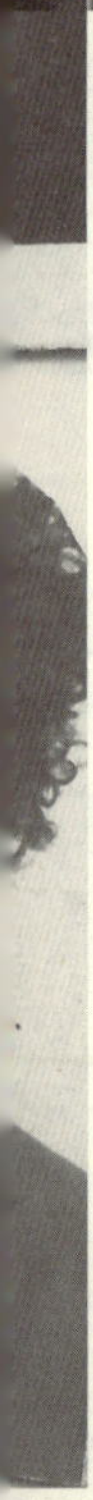

DADI, BOCA, BABY E MORAES MOREIRA ATRÁS.
ACIMA, PEPEU E MOREIRA
(Fotos: Acervo do Arquivo Nacional)

PAULINHO BOCA, DODÔ & OSMAR, JORGINHO, PEPEU
E DIDI NA SUA ESTREIA COM OS NOVOS BAIANOS
(Foto: Acervo pessoal)

GALVÃO, BABY E MORAES
(Foto: Acervo pessoal)

BABY E DIDI. AO LADO, JORGINHO, BOLA E PEPEU (Fotos: Acervo pessoal)

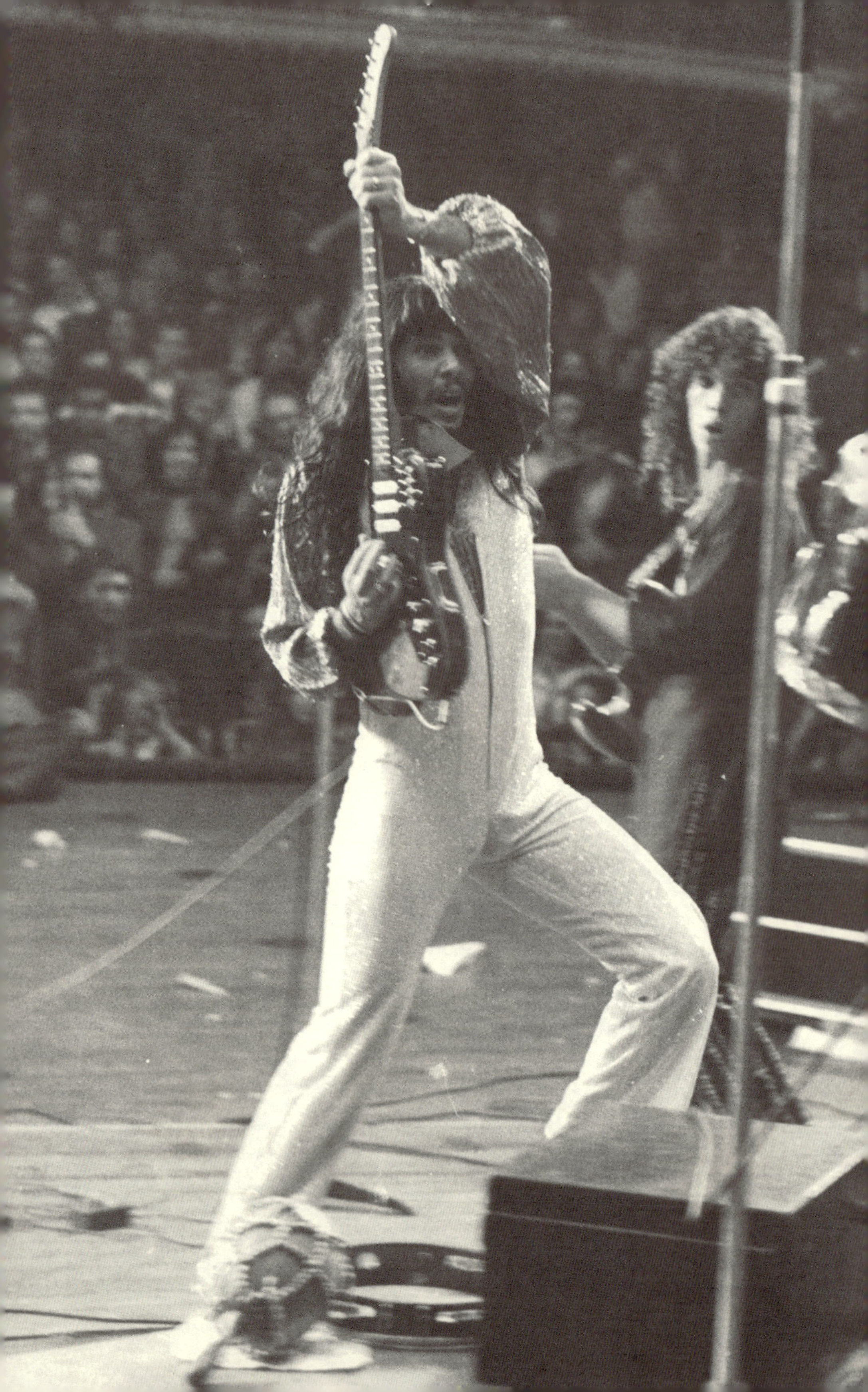

BABY E BOCA
(Foto: Acervo do Arquivo Nacional)
AO LADO, PEPEU E DIDI GOMES
(Foto: Mario Luiz Thompson)

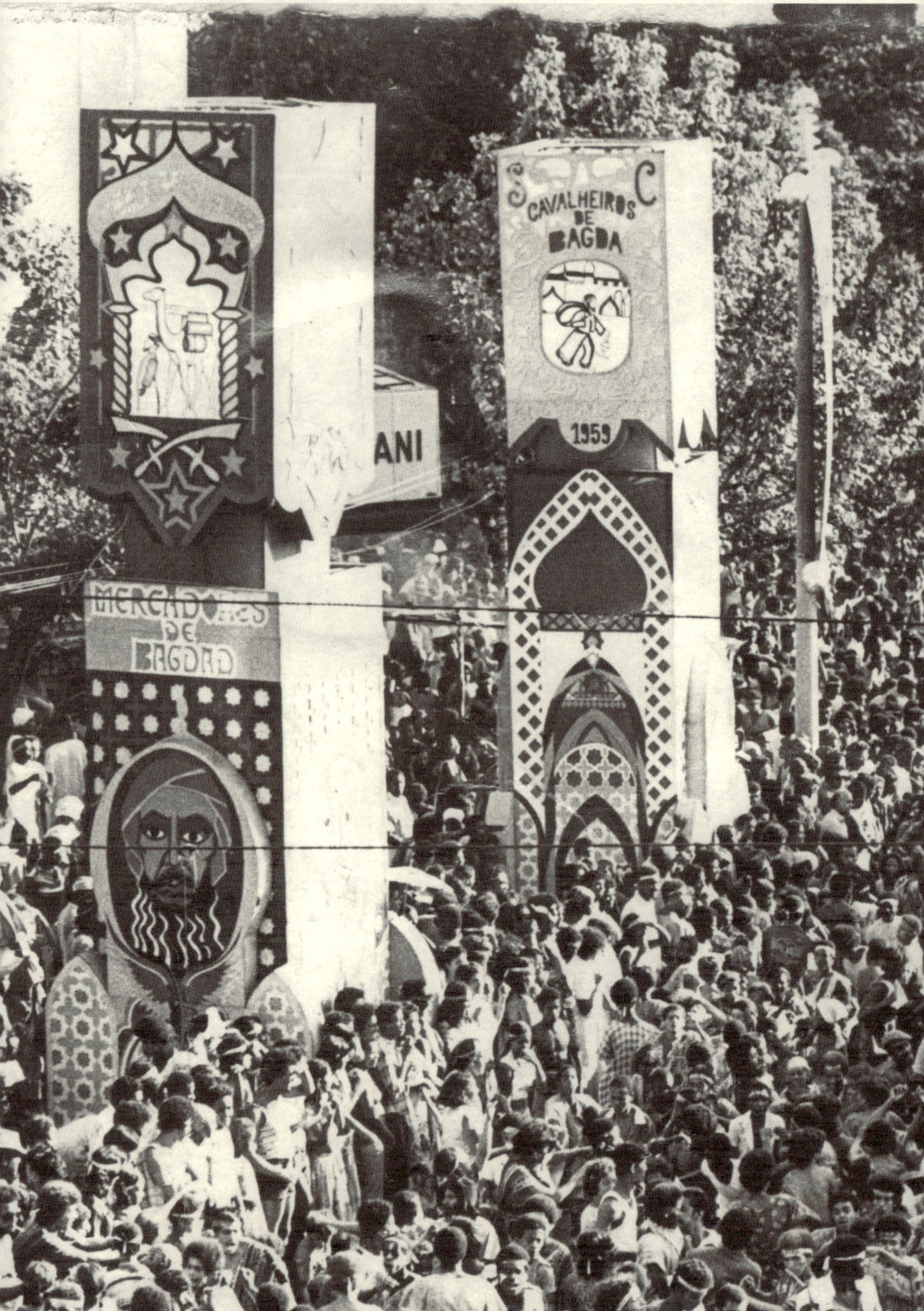

S C
CAVALHEIROS DE BAGDA
1959
ANI
MERCADORES DE BAGDAD

O TRIO ELÉTRICO NOVOS BAIANOS NA PRAÇA CASTRO ALVES
(Foto: Reprodução)

DADI, JORGINHO E MORAES
(Foto: Acervo Arquivo Nacional)

ACIMA, DADI, JORGINHO E MORAES (Foto: Acervo pessoal)
AO LADO, BOLA E GATO FÉLIX EM PLENO CARNAVAL COM FIGURINO "EMPRESTADO". NO CENTRO, MARINHO CHAGAS
(Foto: Maísa Aguiar)

PALCO DO TEATRO MUNICIPAL DE SÃO PAULO (Foto: Mario Luiz Thompson)

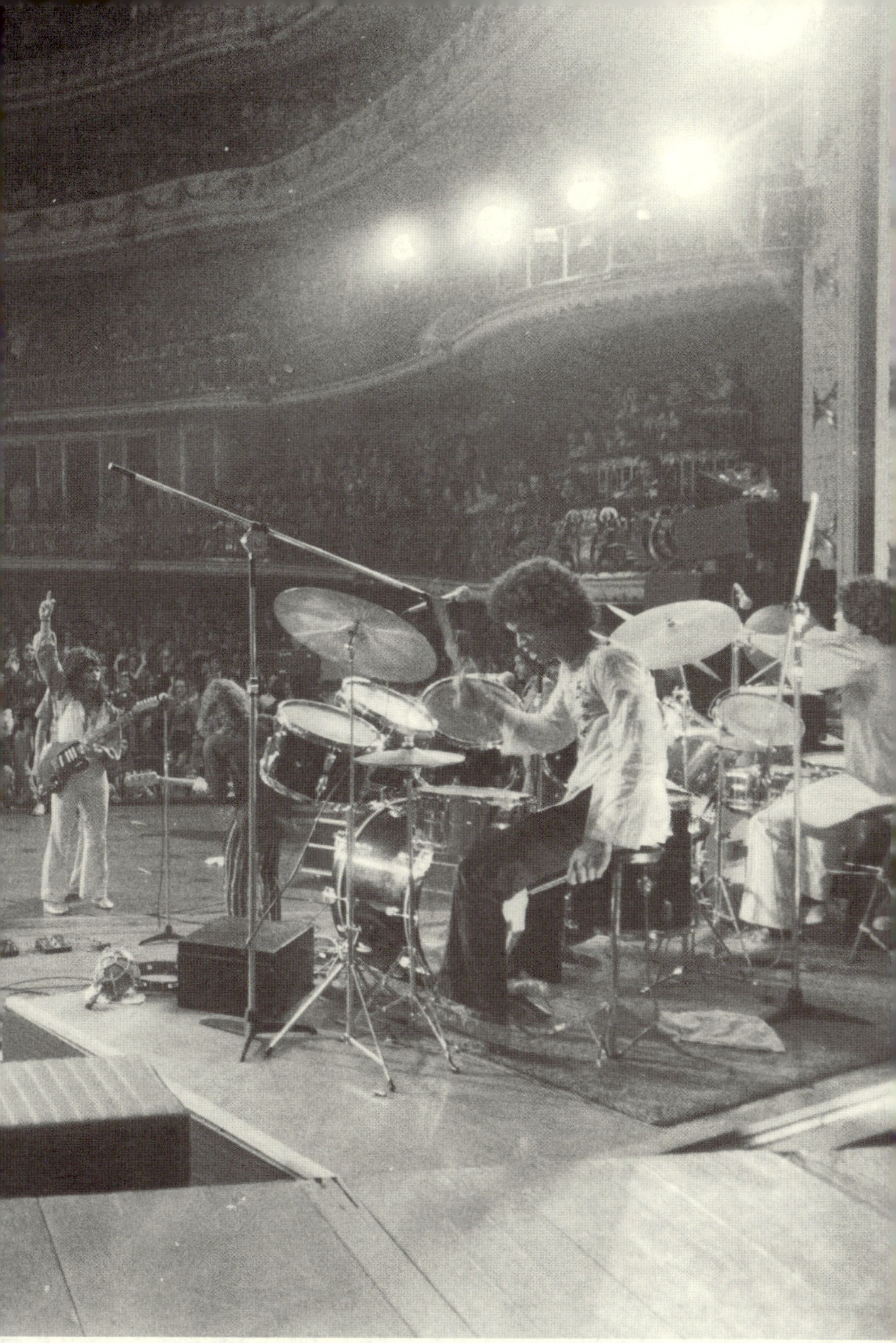

APÊNDICE

Quando conheci os Novos Baianos, me surpreendi com a facilidade que tinham para criar novas canções e com a quantidade de músicas inéditas que cantavam animadamente, muitas vezes de maneira improvisada.

Eles viviam um período bastante criativo, e nem todas as composições puderam entrar nos discos gravados ou no repertório dos shows. Fizeram sucesso só entre nós, não tinham nome nem autoria definida.

Citei algumas delas, em determinada história, por isso peço licença aos Novos Baianos para revelar alguns trechinhos e comentar suas possíveis inspirações

Keith — Tem duplo sentido. Pode ser uma canção de amor, mas também fala de uma pessoa que já sabe apertar um baseado sem usar o pente e dar uma boa tragada (o beijo mais puxado).

Fala, Roberto — Talvez estivessem falando do Rei da Jovem Guarda.

Virar o carro — Joildo Góes, o Tuareg, inspirou essa música.

O VT, a TV — Sobre se expor demais na TV e no videoteipe (o VT).

Dias, Pires de Oliveira — Era praticamente só um refrão, uma brincadeira com o sobrenome dos três, Galvão, Moraes e Paulinho.

A Cor do Som – feita para Jimi Hendrix logo após sua morte em 1970. No começo ficou sendo o nome da banda que acompanhava os Novos Baianos (Pepeu, Jorginho, Baxinho, Dadi e Bolacha), depois Galvão deu o nome de presente para a famosa banda A cor do Som (Armandinho, Dadi, Mu, Ari Dias e Gustavo).

Marília Aguiar

KEITH

Encosta junto de mim
meu beijo pra você
é mais puxado
eu com meu cabelo
encaracolado
já não uso pente,
mas lhe aperto
muito bem Keith,
bem que dá pro gasto

FALA, ROBERTO

Enquanto eu digo
que o sol ainda é
o astro-rei
e vou brincar nas minas
do rei Salomão
o Rei, ao sol, fala de amor
enquanto eu digo,
Roberto fala
fala, Roberto
e se falou, tá falado

Marília Aguiar

VIRAR O CARRO

Atrás da curva,
pelo acostamento
fora do asfalto, o mato
além do sapato
o morro, o pé, o pé do perigo
e você no meio amigo
a me dizer que eu posso
virar o carro,
eu me amarro
mesmo sabendo que
a minha vida está em jogo
eu me amarro
virar o carro

O VT, A TV

O VT, a TV
curto espaço pra mim
que não sei o que faço, não
meu tempo é qualquer um
passado, presente, participo,
não sonho
eu ando colorido
e é comum e bom ser
objeto exposto
carne e rosto, raiva e riso
E ver, e ver, e ver
o VT, a TV
curto espaço pra mim,
que não sei o que faço, não

Marília Aguiar

DIAS PIRES DE OLIVEIRA

É meu, é meu
Dias Pires de Oliveira
é meu, é meu
vai ser meu a vida inteira

A COR DO SOM

Depois do corpo
A voz no disco voador
Porque eu sou a cor
Sou a cor do som

Mesmo com a morte
No planeta girante
Onde eu e o som
Tudo isso se deu

E sobre a vida, a morte
E sobre a morte, cantem, dancem
Sobre a cor do som
Afora isso eu sou
Pelo e amor

POSFÁCIO

Eu e a Marilinha fomos casados por vinte anos e vivemos todos os momentos da trajetória dos Novos Baianos juntos. Tivemos três filhos (Maria, Gil e Betão), e ninguém melhor para contar essas histórias com a riqueza de detalhes e com a emoção de quem viveu intensamente cada segundo, dos bons e dos difíceis, dessa loucura setentista.

Marília Aguiar era uma jovem bem-nascida e bem-criada, antenada e que vivia os agitos políticos e culturais da cidade de São Paulo. Quando nos encontramos, numa noite da Pauliceia desvairada, numa festa em uma boate da moda, começamos a namorar, e a vida dela nunca mais foi a mesma.

Ela foi fundamental para a sobrevivência do grupo Novos Baianos na louca e conturbada São Paulo na época de chumbo da ditadura militar. Nos ajudou a sobreviver de todas as maneiras, até financeiramente. Nos acolheu em sua casa — casa dos seus pais, no Alto da Lapa, bairro nobre da capital paulistana —, o que provocou uma total desavença com a família. Nos alimentou e virou nossa porta-voz quando o assunto era nossa difícil sobrevivência naquele momento na maior cidade do país. Me lembro da Marília descolando almoço e janta na cantina do Giovanni Bruno, um dos melhores restaurantes de São Paulo, que ela frequentava antes de nos conhecer.

Enfim, Marília entrou de cabeça, corpo e alma na vida dos Novos Baianos e segurou a peteca até o final do grupo, em 1979. Isso lhe custou caro — foi deserdada pela família, mas nunca se abateu, continuou firme até o final como uma Nova Baiana, abraçando nossa causa e incorporando nossa filosofia de vida.

Portanto, Marília merece nossa gratidão e respeito. Todos do grupo tinham e têm por ela admiração e amor, e até os dias de hoje ela continua sendo a "Marilinha dos Novos Baianos".

Paulinho Boca

DIREÇÃO EDITORIAL
Daniele Cajueiro

EDITORA RESPONSÁVEL
Janaina Senna

PRODUÇÃO EDITORIAL
Adriana Torres
Mariana Bard
Nina Soares

COPIDESQUE
Marcela Ramos

REVISÃO
Rachel Rimas

CAPA, PROJETO GRÁFICO E DIAGRAMAÇÃO
Jimmy Leroy e Noris Lima

Este livro foi impresso em 2020
para a Agir.